중국발
세계경제
위기가
시작됐다

How to Survive the Global Economic Crisis that Began in China

다가올
경제 위기를
현명하게
극복하는 법

중국발
세계 경제
위기가
시작됐다

미야자키 마사히로,
다무라 히데오 지음
안유화 감수

센시오

감수자의 글

중국발 위기에는 100년에 한 번 오는 기회가 숨어 있다

안유화

중국증권행정연구원 원장
성균관대학교 중국대학원 재무론 교수

2020년 세계 경제는 역사상 그 어느 때보다 어려운 한 해가 될 것으로 보인다. 그동안 지속적으로 제기돼 왔던 중국발 인플레이션으로 인한 세계 경제 위기가 미·중 무역 전쟁의 여파로 현실화될 것으로 보이기 때문이다.

이와 관련해 한국 기업과 투자가 입장에서는 주목해야 할 것이 두 가지 있다. 하나는 큰 변곡점에 있는 중국 경제에 어떤 투자 기회가 있는지, 그리고 미·중 무역 전쟁으로 인한 글로벌 가치사슬(value chain)의 변화에 따른 한국 기업의 리스크와 그 대응 방안은 무엇인지 파악하는 것이다.

2020년,
중대한 변곡점에 선 중국

1978년 개혁·개방을 시작한 후 40년이 지난 현재, 중국은 세계 G2 국가로 우뚝 섰다. 중국은 2001년 WTO(세계무역기구) 가입을 계기로 외국 자본과 국제 시장, 값싼 노동력을 활용한 가공 무역으로 급속하게 성장하면서 오늘의 발전에 이르렀다. 하지만 미국이 중국 특유의 국가 자본주의의 발전 모델에 제동을 걸기 시작하면서 중국은 성장의 한계에 직면했다. 비록 다른 나라와 비교할 수 없이 큰 내수 시장을 가지고 있지만, 이 역시 막대한 외수에서 유발된 내수가 대부분이기에 외수가 죽으면 내수의 절반은 소멸한다. 사실상 국제 무역 가치사슬에 연계되지 않는 한 중국 경제의 미래에 남은 것은 먹구름뿐이다. 분명 중국은 정치, 경제에 있어서 중대한 기로에 서 있고, 역사는 2020년을 하나의 큰 변곡점의 해로 기억할 것이다.

사실 중국은 2016년부터 부채 문제의 심각성을 인식하고 나서 건실한 경제 성장을 이뤄보고자 계속해서 부채 축소 정책(deleveraging)을 펴왔다. 그러나 미·중 무역 전쟁이 시작되고 미국의 관세 부과로 중국 경제가 실질적으로 타격을 입기 시작하자 방향을 급선회해 적극적인 재정 정책과 통화 정책 완화로 무너져가는 경제를 일으키려 했고, 2018년에는 가까스로 6.6%의 GDP 성장률을 기록했다.

2019년에는 국유 기업의 위치를 강화하는 동시에 4차 산업 중심의 신흥 산업을 육성해 새로운 시대를 열어가려는 노력을 기울여왔다. 그리고 2020년에는 미·중 무역 전쟁에 따른 관세 폭탄을 막고, 쓰러져가는 중국 경제를 연착륙시키기 위해 완화된 통화 정책과 적극적인 재정 정책을 펼칠 것이다.

그러나 현재 중국 경제의 리스크는 미·중 무역 전쟁과 같은 외부 요인이 아니라 중국 정치 개혁의 부재에서 비롯된 내부 요인이 더욱 큰 문제다. 특히 빈부 격차를 가속화시키는 호구 제도, 국진민퇴 전략, 토지 수용, 법치 부재 및 국유 기업의 부패 문제가 해결되지 않으면 중국 경제는 단기적으로는 극복 가능하나 장기적, 지속적으로는 발전하기 힘들다고 할 수 있다.

미·중 무역 전쟁은 본질적으로 기술 패권 전쟁이다. 미국 정부가 '중국 제조 2025' 정책을 통해 중국 정부가 국유 기업에 대해 부당하게 보조금을 지급하고 있고, 외국 기업에 대한 불공정한 무역 관행 등 WTO의 기준을 어긴 채 미래 산업을 석권하려 한다고 압박하고 있기 때문이다.

'중국 제조 2025'는 시진핑 정부의 핵심 미래 산업 육성 정책으로, 2025년까지 의료·바이오, 로봇, 통신장비, 항공우주, 반도체 등 열 개의 첨단 제조업 분야를 육성하는 내용을 담고 있으며, 2016년부터 본격적으로 작업에 돌입해 왔다.

그러나 미·중 무역 전쟁이 발발하자 2019년 양회(兩會)에서는 '중국 제조 2025'에 대한 언급을 피함으로써 미국에 도전한다는 인상을 불식시키고자 했고, 대신 '스마트제조+'라는 표현을 사용해 신흥 전략 산업과 첨단 제조업을 육성하겠다는 의지를 밝혔다. 빅데이터, AI(인공지능), 신흥 정보기술, 최첨단 장비 제조, 바이오와 의약, 신에너지 자동차, 신재료 등의 산업을 발전시키고 디지털 경제와 플랫폼, 공유경제 분야의 경쟁력을 강화하겠다는 것이다. 또한 인터넷과 산업 융합 전략을 구사하여 중소기업의 비용을 20% 절감시키겠다고 밝히기도 했다.

앞으로 중국이 전략적 신흥 산업 육성을 통한 경제 구조 조정에 성공할 경우 2030년에는 총 15조 3,000억 달러(약 1경 7,000조 원) 규모의 GDP를 달성함으로써 미국을 제치고 세계 1위의 경제 대국이 될 것이다. 이는 미래 전략적 신흥 산업 5조 7,700억 달러(약 6,700조 원), 서비스업 5조 1,900억 달러(약 6,000조 원), 첨단제조업 4조 3,300억 달러(약 5,000조 원)로 구성된다. 첨단 제조업은 항공기, 철강 장비, 핵 장비, 특압 송전장치, 고기술 선박과 첨단 해양 장비 등 5대 산업을 포함한다. 실제로 중국 내 전략적 신흥 산업 성장률은 대부분 20% 이상으로, 전망이 매우 밝다.

반면 방직업, 제지업, 인쇄업, 비닐제조, 전자설비 등의 노동밀집형 산업 대부분은 미·중 무역 전쟁으로 베트남 등 동남아시아 국가로 이동할 가능성이 높아 투자할 경우 리스크가 커질 수 있다.

중국은 2019년 상반기에 전자설비 산업 분야의 수출이 35억 달러(약 4조 원) 감소했지만 베트남은 오히려 43억 달러(약 5조 원) 증가했다. 베트남의 수출 증가가 중국 대체효과로 나타난 것이었음을 알 수 있다. 의류복장, 가죽산업, 목재가공, 가구제조 등의 산업도 비슷하다. 그러나 금속제조, 일반기계, 전용설비, 교통설비, 전기기계 등의 산업은 큰 변화가 없었다. 이는 중국이 이 영역에서 다른 국가들이 대체할 수 없는 경쟁력을 갖고 있음을 알 수 있다.

파도를 보지 말고 바람을 읽어야
기회가 보인다

미·중 양국의 무역 분쟁은 글로벌 무역 구도를 크게 변화시키고 있다. 미·중 무역 분쟁 속에서 중국은 수입과 수출이 모두 증가했지만 미국은 모두 감소했다. 여기서 특히 주목해야 할 것은 수출에서 가장 타격을 받은 국가는 미·중 무역 전쟁의 당사자인 미국 외에 일본과 한국이라는 사실이다.

미·중 무역 전쟁으로 한국은 위기에 직면해 있다. 따라서 미·중 양국의 마찰이 지속될 경우에 대비해 한국 기업들은 반드시 전략적인 대응 방안을 마련해야 한다.

한국 기업은 크게 두 가지 측면을 고려해야 할 것이다. 하나는 중국에 대한 투자 여부이고, 또 하나는 중국으로 진출한 한국 기업의 중국 시장 탈출 여부이다.

삼성과 현대자동차는 중국 공장을 폐쇄했는데, 중국 내 시장 점유율 하락과 수익 악화가 한몫했다. 그러나 실적은 전혀 개선되지 않았다. 이는 동남아시아로 이전한다고 해서 결코 해결될 문제가 아니기 때문이다. 삼성을 비롯해 롯데마트의 철수, 그리고 현대자동차의 부진은 모두 빠르게 변화하는 중국 시장의 흐름을 시시각각 읽지 못하고 제대로 대응하지 못했기 때문이다. 삼성전자의 경우 4G 시대에 진입하는 시점에서 3G 폰을 주력 상품으로 출시해 과잉생산을 했고, 전자상거래가 대세인 시장에서 오프라인 판매 위주로 승부해온 롯데마트, SUV가 대세인 시장에서 쏘나타 승용차로만 승부해온 현대자동차는 모두 경쟁 상대에게 진 것이 아니라 시대에 진 것이다.

앞으로 한국 기업들이 글로벌 시장에서 갖추어야 할 것은 미래 산업의 흐름을 읽고, 그것을 주도하는 능력이다. 한국 기업들은 중국에서 빨리 탈출하는 전략 대신에 중국 내 해당 산업 영역에서의 빅데이터를 확보하고 AI 기술을 도입하는 한편, 4차 산업 영역에서의 지적재산권 선점 전략을 구사해 새로운 수요를 창출해야 한다. 더불어 미래 산업 경쟁의 중심지인 중국 시장을 선도하는 전략을 세워야 한다. 이러한 노력 없이 중국 시장에서 잘 안되면 베트남으로 가고, 베트남 시장에서 부진하면 인도로 옮겨가는 기러기형 산업 이전 전략은 이제 더 이상 시대의 흐름에 맞지 않다. 5G 기술의 출현으로 기업 간, 국가 간, 개인 간의 통신이 거의 비용 없이 순식간에 가능해진 4차 산업혁명 시대에 국경은 형식에 지나지 않을 것이고, 결국 세계는 하나의 시장이며, 어딜 가든 기술이 있는 자만이 살아남을 수 있다. 4차 산업혁명 시대에 한국의 제조업체들은 시장을 찾아 떠나는 것이 아니라 제도가 있는 곳으로 가야 하는 것이다.

그런 측면에서 4차 산업혁명 시대에 가장 크게 성장할 수 있는 시장은 기술과 인재가 있는 미국, 그리고 자본과 시장의 힘으로 신속한 상용화가 가능한 중국이다. 동남아시아는 4차 산업 융합제조업을 하기에는 인재가 없고 기반시설이 부족하며 리더 기업도 없다. 적수가 없으면 최고가 될 수 없다. 중국에는 '작은 사업을 하려면 친구들과 하고, 큰 사업을 하려면 적과 동침하라'는 말이 있다. 중국 시장에서의 다국적 기업 간의 치열한 경쟁 속에서 세계 최고가 탄생할 것이다. 오늘날 중국 시장을 잃는다는 것은 세계 산업의 흐름을 놓칠 수 있다는 의미다.

때마침 중국 정부도 이러한 시대적 변화에 맞추어 기존의 '생산요소형 개방 모델'에서 '제도형 개방 모델'로 발전 전략을 수정하고 외국 기업의 투자 환경 개선에 나섰다. 이는 2019년 양회에서 외상투자법(외국인투자법)이 통과된 주요 배경이다. 이번에 중국이 외국산 배터리를 사용하는 전기자동차도 중국 정부에 보조금을 신청할 수 있도록 시장을 완전 개방하면서 삼성, LG, SK 등 한국 전기차 배터리 기업들도 혜택을 보게 되었다. 그에 따라 앞으로 한국 기업들의 중국 내에서의 본격적인 투자 활동이 기대된다.

문제는 글로벌 시장은 이미 중국 기업들이 선도하고 있다는 것이다. 2019년 10월, 삼성SDI가 BMW에 29억 유로(약 3조 8,000억 원) 규모의 전기차 배터리를 공급하기로 한 바로 그날, BMW는 중국 배터리 회사인 CATL과 73억 유로(약 9조 5,000억 원) 규모의 구매 계약을 체결했는데, 이는 한국보다 2.5배 많을뿐더러 공급 시기도 비슷하다. 현재 세계 전기차 배터리 시장에서 1위는 중국의

CATL(26.6%), 2위는 일본의 파나소닉(24.6%)이다. 한국은 LG화학이 4위(11.0%), 삼성SDI가 6위(3.5%), SK가 9위(1.2%)를 점하고 있다.

비슷한 현상은 의학계에서도 나타날 예정이다. 최근 창업 8년 만에 MRI 빅 3의 아성을 무너뜨린 중국 유니콘 기업이 있다. 기업 가치 6조 원의 유나이티드이미징(UI)은 기존 제품보다 촬영 속도가 빨라 과거 MRI 한 대로 20명 정도를 촬영했다면 이 회사 제품으로는 80명가량 촬영할 수 있어서 획기적인 상품으로 인정받고 있으며, 2019년 물리학 분야 국제 저널인《피직스월드》에 10대 혁신 기술 중 하나로 이름을 올렸다. 유나이티드이미징은 수십 년간 중국 시장을 주도해온 제너럴일렉트릭(GE), 필립스, 지멘스의 과점 체계를 무너뜨리고 있다. 이 기업은 중국의 '의료굴기'라는 평가를 받고 있으며, 미국, 일본 및 유럽은 물론 한국에도 진출했다. 한국에는 아직 MRI와 CT 개발에 성공한 기업이 없으며, 삼성전자도 과거에 도전했다가 고배를 마신 바 있다.

앞으로 한국 기업이 진출해 있는 더 많은 산업 영역에서 경쟁이 심화될 전망이다. 중국 경제만큼 한국 경제도 기로에 서 있다. 지금 가장 시급한 것은 중국발 경제 위기의 실체를 제대로 파악하는 것이다. 그리고 달라지는 세계 경제 지형에 따라 어떤 기회와 리스크가 있는지 파악하고, 그에 맞는 대응 방안을 준비해야 할 것이다.

중국발 세계 경제 위기는
이미 시작되었다

세계 금융 위기를 넘어

하이테크, 안보 전쟁에서 살아남는 법

미디어에서는 연일 중국과 미국의 금융 전쟁에 대해 다룬다. 그로 인해 미치는 영향이 전 세계로 뻗어나가고 있기 때문이다. 그뿐만 이 아니다. 중국의 속사정을 들여다보면 그 성장 속도만큼 위기감 이 고조된다. 중국은 이미 세계 공황의 방아쇠를 당겼는지 모른다. 금융 위기는 이미 시작되었고, 경제와 금융을 넘어 세계 각국의 하 이테크, 안보 전쟁으로 번지고 있다. 전쟁은 시작되었는데, 준비가 안 되어 있다면 낭패가 따로 없을 것이다. 선택의 여지는 많지 않다. 어떻게 할 것인가? 거대한 흐름에 그저 속수무책으로 각국의 운명을 맡길 것인가? 적극적으로 전쟁에 나갈 준비를 하고 현명하게 대처할 방법을 찾아 나설 것인가? 이 책에서는 세계 경제 패권을 둘러싼 치열한 싸움터에서 어떻게 살아남을 것인가를 다룬다.

국제정치 · 경제의
지각 변동이 시작되었다

미국의 대통령 트럼프는 정권을 손에 잡자마자 즉시 대선공약을 이행했다. TPP(Trans-Pacific Strategic Economic Partnership, 환태평양 경제동반자협정)를 탈퇴하고, 멕시코 국경에 높은 장벽을 세웠으며, 파리 협정 탈퇴, 이란과의 핵 합의 파기에 이어 러시아와의 INF 조약(Intermediate-range Nuclear Forces treaty, 중거리핵전력조약)을 파기했다. 트럼프가 실시하고 있는 정책 변경의 요점은 오바마 전 정권의 정책을 완전히 부정하는 것이기도 하다.

트럼프는 또 남중국해에서 '항행의 자유'[1] 작전을 강화하며 남중국해상에서 영유권을 주장하는 중국을 견제하고 대만 여행법을 제정하는 한편, 사실상 대만 주재 미국대사관의 경비를 미국 해병대가 맡는다는 뚜렷한 대만 옹호 정책을 단행했다. 이에 중국이 반발하면서 미국과 중국 간의 긴장감은 더욱 고조되었다.

---

1 공해(公海)에서 평상시에 어느 나라의 군함·선박이든지 항행할 수 있는 자유. 중국이 남중국해의 영유권을 주장하며 이 일대 섬에 군사 시설을 짓고 비행 훈련을 강화하자 미국은 이에 맞서 작전을 폈다.

게다가 중국 수입품에 대한 높은 관세 부과, 하이테크 산업 스파이 적발 강화, 미국 하이테크 기업의 매수 금지, 부동산 취득 제한과 비자 발행 규제 강화, 중국 기업 화웨이와 ZTE(중싱통신)의 완전한 퇴출 등의 정책을 펴 미·중 대결은 이미 걷잡을 수 없는 상태에 이르렀다.

이런 상황 속에 2018년 10월 있었던 마이크 펜스 미국 부통령의 연설은 마치 선전포고나 다름없었다.

중국의 시진핑은 트럼프의 이러한 기축 전환에 매우 당황했다. 미·중 무역 전쟁의 실패에 대한 책임을 회피하기 위해 관례적으로 개최해오던 사중전회(四中全會, 중국 공산당 중앙위원회 전체회의)도 개최하지 못한 채 임시 대책 마련에 분주했다.[2]

그뿐 아니라 트럼프는 강력한 '대통령 명령'을 새롭게 준비하고 있었다.

이 움직임을 가장 먼저 알린 것은《월스트리트 저널》이었다.《월스트리트 저널》은 2018년 5월 "백악관은 차세대 통신 기술이 국가 안전보장에 직결되는 경우 외국 기업이 미국 시장에 관여하는 것을 배제할 수 있는 권한을 상무부에 부여하는 대통령 명령을 작성 중이다"라고 보도했다.

영국의《타임스》는 2018년 12월 27일 "중국의 통신 기술이 서방의 안전보장에 중대한 위협이 되었기 때문에 영국도 캐나다, 호주,

---

2 사중전회는 이후 2019년 10월 28일 개최되었다.

뉴질랜드 등 대영연방제국의 움직임에 동참하여 정당한 정치적 조치를 강구할 것이다"라고 보도했다.

다음 날《사우스 차이나 모닝 포스트》는 "예상되는 '대통령 명령'은 '국제 긴급 경제 조치법'(가칭)으로 불릴 것"이라며 다음과 같이 전했다.

"지난 8개월 동안 백악관 내부에서 검토 중이던 최종 서면이 거의 완성됐다. 미국 전역의 영세한 중소 통신기업의 상업 활동을 지원해주는 내용이다."

즉, 화웨이와 ZTE의 부품, 스위치 등을 사용해 제조한 상품을 판매하는 미국 영세 기업에도 외국 제품 사용을 금지시킨다는 전에 없던 엄격한 규약 조건이 포함된 것이다. 지방에서는 중국제 부품의 가격이 매우 저렴해서 지금도 광범위하게 쓰이고 있다. 서면에서 중국 기업을 구체적으로 지명하지는 않았으나 미국은 분명 화웨이와 ZTE를 목표로 했다. 그리고 중국 또한 일찍부터 이런 움직임을 견제하기 위해 재중 미국 기업에 대해 갑작스럽게 세무조사를 하는가 하면, 품질 관리 간섭, 청구 사항 불허가, 비즈니스 방해 등을 일삼아 왔다.

주변국들에게는 미국과 중국 간의 이러한 정세 변화를 어떻게 인식하고 어떻게 행동할 것인가라는 난제가 눈앞에 놓여 있지만 대부분 명확한 비전이 잡혀 있지는 않다.

국제경제, 특히 중국 경제 분석 면에서 일본에서 독보적인 필자들은 이 문제에 대해 깊이 논의해 왔다. 우리 두 사람의 분석과 세간의 분석에는 큰 차이가 있었다. 더욱 더 독자적인 정세 판단과 미래 예측이 요구되는 상황인 것이다.

이러한 최근의 정세에 관해서 잠깐 살펴보자.

화웨이 CFO 멍완저우 체포로
미·중 갈등 재점화

르노·닛산·미쓰비시자동차 회장이었던 카를로스 곤이 특별 배임 혐의로 체포되었지만, 세상은 화웨이의 CFO(최고재무책임자) 겸 부사장 멍완저우가 캐나다에서 구속된 일로 떠들썩했다.

2018년 12월 1일, 환승하기 위해 들른 캐나다 밴쿠버공항에서 멍완저우는 이란으로의 부정 송금에 대한 위증죄 혐의로 체포되었다.

멍완저우는 이혼 경력이 있고, 여권을 일곱 개나 소유하고 있었다. 한 아이 정책을 펼쳐온 중국에서 아이를 네 명이나 낳아 길렀고, 게다가 그 아이들은 제각각 다른 나라에서 살고 있었다. 특권 계층 중에서도 톱클래스가 아니면 누릴 수 없는 것들이었다.

여권 일곱 개 중 세 개는 멍완저우의 이름으로 된 여권(멍완저우는 중국, 홍콩, 캐나다의 영주권자로, 각각의 정부에서 발행한 여권을 소지하고 있었다)이고, 나머지 네 개는 중국 여권으로, 각각 이름이 달랐다. 이는 중국의 국가안전부를 통하지 않고서는 발행받을 수 없기 때문에 그녀가 산업 스파이라는 설에 힘이 실렸다.

이란으로의 불법 송금은 화웨이의 다른 회사 명의로 이뤄졌고,

또 HSBC(홍콩상하이은행)가 관련되어 있다는 사실도 판명되었지만 전모가 다 밝혀진 것이 아니라 아직도 의문투성이다.

멍완저우는 밴쿠버에 그녀의 남편 명의로 된 호화 저택을 세 채나 가지고 있는데, 세 채 모두 넓은 정원과 여러 개의 차고를 갖춘 영국풍의 3층짜리 대호화 저택이다. 멍완저우는 캐나다 영주권이 있고 보험증을 보유하고 있으며 캐나다에서 세금도 납부했다고 한다.

그녀의 네 아이는 홍콩, 선전, 밴쿠버, 매사추세츠 주에 뿔뿔이 흩어져 살고 있는데, 전남편과의 사이에서 낳은 장남만 밴쿠버에 살고 있다. 그러나 그 역시 멍완저우와는 사는 곳이 다르다.

멍완저우 체포 소식의 여파로 중국의 주식은 폭락했다. 그즈음 일본에서는 손정의가 이끄는 소프트뱅크그룹(SBG)의 통신 자회사 소프트뱅크 모바일이 사상 유례없는 IPO(주식공개)를 앞두고 있었다. 그러나 2018년 12월 19일 발표한 소프트뱅크의 실적은 시초가가 상장 목표치를 15퍼센트나 밑돌았고, 강세를 예측했던 많은 투자가들에게 실망을 안겨주었다.

12월 6일에 일어난 통신 장애로 소프트뱅크의 휴대전화가 걸리지 않았던 것도 그 원인 중 하나였다. 고객들의 항의가 쇄도하고 해약이 잇따르며 한바탕 소동이 일어났다. 문제가 된 기지국은 에릭슨 제품을 사용하고 있었는데, 중국의 방해 때문에 일어난 사고라는 설도 있었다.

'이런 시기에 무슨 목적으로 주식을 상장하는가?'라며 투자가들뿐만 아니라 경제 저널리스트들도 의문을 제기했다. 손정의가 중국

알리바바의 주주로 잘 알려져 있는 데다 통신장비로 화웨이 제품을 사용해왔기 때문이기도 했다. 이른바 '다섯 개의 눈(Five Eyes)'이라고 일컬어지는 5개국, 즉 미국과 미국의 핵심 동맹국인 영국, 호주, 캐나다, 뉴질랜드는 이미 화웨이의 그 어떤 제품도 사용하지 않는다고 결정했고, 뒤늦게나마 일본도 이를 따르기로 했다.

소프트뱅크는 유이자 부채가 13조 엔(한화로 약 142조 원)을 넘었다. 중국의 하이항(HNA)그룹, 완다그룹, 안방보험그룹과 마찬가지로 빚에서 헤어나지 못하는 상태다.

그 때문에 차이나 리스크가 소프트뱅크의 주가에 직접 악영향을 줘서 경영의 기둥을 흔들었고, 시장에서는 불평, 반발이라는 예상치 못한 반응을 불러일으켰다.

이 사태는 이후 닛케이 평균주가를 눌러 내렸고, 가까운 미래에 주가가 다시 오를 것이라는 장밋빛 시나리오는 사라졌다.

자살한 중국 천재 과학자
장서우청의 행보와 의혹

미국은 5G 경쟁에서도 화웨이를 철저하게 배제시키려고 움직이는 한편 산업 스파이 적발을 강화하고 있다.

2018년 12월 12일, 멍완저우는 1,000만 캐나다달러(약 84억 원)의 보석금을 내고 석방되었지만 캐나다에서의 출국을 금지당했다. 미국에 인도될 경우 최장 30년의 금고형이 기다리고 있다. 미국무역 대표부(USTR: Office of the United States Trade Representative)의 로버트 라이트하이저 대표는 기자회견을 통해 "캐나다에서 이뤄진 멍완저우의 체포극과 미·중 무역 전쟁은 관계가 없다"라고 했지만 사실 두 사건은 관계가 매우 깊다.

그즈음 스탠퍼드대학교에서 개최한 파티가 끝나고 샌프란시스코로 돌아간 장서우청 박사가 빌딩에서 뛰어내려 '자살'을 한 사건이 일어났다. 당시 그의 나이는 55세였다.

어려서부터 신동으로 불렸던 장서우청 박사는 열다섯 살에 상하이의 명문 푸단대학교에 입학한 후 베를린 자유대학교을 거쳐 뉴욕 주립대학교에서 유학을 했으며, 서른 살의 젊은 나이에 스탠퍼드대학교의 교수(물리학)로 재직하게 되었다.

대부분의 동료들이 '노벨상에 가장 가까운 천재적인 학자'라고 보장할 정도로 그의 업적은 뛰어났다. 그가 자살했다는 비보를 들은 스탠퍼드대학교의 스티브 키벨슨 교수는 그를 애도하는 편지를 발표하기도 했다.

이렇게 전도유망했던 인물을 중국이 방치했을 리가 있을까?

장서우청 박사는 단화자본(디지털 호라이즌 캐피털)이라는 정체를 알 수 없는 펀드를 설립해서 AI를 연구하는 학자나 햇병아리 학자를 모으기 시작했다. 자금은 3억 6,800만 달러(약 4,370억 원)였다. 또 2018년 5월에는 상하이 과학기술대학교 특임교수로 취임했는데, 해당 대학교의 학장은 장쩌민의 아들 장몐헝이다.

AI 기술, 양자물리학의 첨단 엔지니어에게 투자하는 움직임을 보면 자금의 규모도 크고 배후가 불투명했기 때문에 미국무역대표부는 그를 '슈퍼 301조'[3] 수사 대상으로 보고 FBI를 통해 그의 뒷조사를 하게 했다.

이 사건에는 미스터리한 부분이 몇 가지 있다.

첫째, 단화자본이라는 실태 없는 이 펀드가 사실은 무슨 일을 했을까? 둘째, 장 박사가 느닷없이 자살을 하기 직전에 밴쿠버에서 화웨이의 부사장인 멍완저우가 체포 구속되었는데, 이 두 사람의 관계는 무엇일까? 셋째, 장 박사가 슈퍼 301조의 수사 대상 리스트에 오른 사실은 미국이 이 펀드를 스파이 기관이라고 의심했다는 것을 의미하는데, 사실일까?

2018년 12월 보석으로 풀려난 멍완저우는 현재 캐나다에서 가택 연금 상태이며, 향후 미국으로의 신병 인도를 위한 재판을 받을 예정이다.

한편 중국은 캐나다인 열세 명을 중국 내에서 이유 없이 구속함으로써 캐나다 정부에 무언의 압력을 넣었다. 그런데 이 중 세 사람은 친중(親中)파로 알려진 인물로, 중국의 '계획된 연극'이 아니냐는 우려의 목소리도 높다.

멍완저우의 보석금을 누가 냈느냐에 대해서도 말이 많다.

---

3 한 국가가 불공정한 무역 관행을 일삼고 있다고 판단될 경우 의회 승인 없이 대통령 행정명령으로 100퍼센트 보복관세를 부과할 수 있는 조항이다. 도널드 트럼프 미국 대통령이 중국산 수입품에 대규모 관세를 부과할 때에도 사용했던 조항으로, 미국이 가진 가장 강력한 통상압박 수단으로 불린다. – 출처:《아시아경제》

보도에 따르면 멍완저우의 다섯 명의 '친구들'이 220만 달러(약 26억 원)를 준비했다고 한다. 그 다섯 명은 1999년에 캐나다로 이주한 중국인 부부, 멍완저우에게 부동산을 알선한 중국인 부동산업자, 1997년에 일 때문에 멍완저우와 함께 모스크바에 갔던 화웨이 전 사원 그리고 옆집에 사는 요가 강사라나?

멍완저우의 남편도 520만 달러(약 61억 원)를 마련했다고 하는데, 부동산 증권을 담보로 해서 급전을 마련했다고 한다.

멍완저우가 체포에 이어 구속되고 보석으로 풀려나기까지, 국제 정치 무대의 뒤에서는 미국, 중국, 캐나다의 치열한 심리전이 펼쳐졌다.

시리아 철수를 선언한
트럼프 정권 내부의 혼란

미국은 강경한 태도를 고수하고 있지만, 트럼프 정권 내부를 살펴보면 불안하기 짝이 없다. 미국 역사상 이 정도로 쉴 새 없이 인사가 단행된 정권도 드물다.

트럼프 대통령은 2018년 12월 26일에 갑자기 이라크를 방문해 미군 병사들을 격려했다. 그런데 그 직전에 "미국은 IS와의 전쟁에서 승리했다. 따라서 테러리스트와의 싸움은 계속하겠지만 시리아에서는 철수한다. 우리는 중동의 경찰이 아니다"라고 표명해 펜타곤을 당황케 했다. 펜타곤은 전혀 예상치 못한 일이었기 때문이다.

미국의 갑작스러운 철수는 중동에서의 군사 균형에 지각 변동을 일으킬 수 있어서 쿠르드족 지도자는 트럼프 대통령의 발표에 반발했다.

"이는 미국의 배신이다."

쿠르드 단체는 그 반대 이유를 '시리아에는 아직 2만~3만 명의 IS 전투원이 잠복하고 있기 때문'이라고 했다.

러시아는 이 소식을 반겼다. 기쁨을 감출 수 없었던 러시아의 푸틴 대통령은 "미국은 옳은 결정을 했다. 러시아는 트럼프 대통령의 철수 방침을 환영한다"라고 했다.

러시아는 시리아의 아사드 정권을 지지하고, IS는 아사드 정권을 전복시키려고 해왔으며, 또 이라크를 거점으로 한 수니파 무장 세력을 터키 등이 지원해왔다. 미국은 시리아의 북동부, 특히 쿠르드족 거주 지역을 주로 지원하며 쿠르드족의 무장 조직에게 군사훈련을 시키고 무기를 제공해왔다. 주둔하는 미군의 수는 2,000명이다.

영국 소재 시리아인권관측소에 따르면 쿠르드족 지역에는 IS 전투원 약 1,000명이 그들의 가족 2,000명(전투원은 31개국, 그 가족은 41개국 출신이다)과 포로로 수용되어 있다. 미국은 이들을 석방하려고 준비하며 쿠르드족의 반발에 아랑곳하지 않고 터키와 선후 대책을 강구했다.

중국은 갑자기 시리아에 150개사, 20억 달러(약 2조 3,800억 원)를 투자하는 재건 프로젝트를 시작했다. 힘의 공백이 생기자 그 틈으로 파고든 것이다.

놀랍게도 2018년, 중국에서는 이미 '시리아 재건 프로젝트 페어'가 개최된 바 있다. 시진핑의 핵심 정책인 '일대일로(一帶一路, 실크로드 경제벨트)' 개발 사업의 일환이었다. 해당 페어에는 무려 200개의 중국 기업이 참가해 투자 예정 프로젝트 비용이 20억 달러에 이르렀다. 도로 보수 공사, 고속도로 공사는 물론 광섬유망 설치 등 없는 게 없는 프로젝트였다.

중동 석유에 의존하는 중국과 중동에 대한 흥미를 희석시켜 인도-태평양으로 눈길을 돌린 미국의 자세를 보면 차이가 명확하다. 미군 철수 외에도 안전보장 면에서의 대응을 서두르는 터키, 이스라엘의 움직임을 곁눈질하며 중국은 실크로드 사업의 일환으로 시리아로 다시 진출하려고 호시탐탐 노리고 있는 것이다.

내전 발발 전의 시리아와 중국의 교역 금액은 24억 달러(약 2조 8,000만 원)에 달했다. 내전 중 중국은 시리아와 거리를 뒀지만 러시아가 아사드 정권을 지원하는 데 간접적으로 협력하면서 뒤에서는 IS에게 무기를 계속 제공했다. 그와 동시에 IS에 가담한 위구르족 청년들의 동향을 살피기 위해 IS와 은밀하게 소통하고 있었다고 한다.

리비아에서 카다피 정권이 전복되었을 때 중국은 노동자 및 기술자 3만 6,000명을 철수시켰는데, 그렇게 많은 사람이 분쟁 지역에 있었던 이유는 리비아로부터 100건이 넘는 프로젝트를 수주했기 때문이었다. 이런 모험과 위험 감수를 주저하지 않는 중국을 흉내낼 수 있는 나라와 기업이 과연 또 있을까?

GAFA vs. BAT의
하이테크 냉전이 시작되었다

앞에서 살펴봤듯이 미·중 대결은 경제 수준, 특히 하이테크 쟁탈에 있다는 점에 유의해야 한다.

미국을 대표하는 세력은 'GAFA(구글Google, 애플Apple, 페이스북 Facebook, 아마존Amazon)', 이에 대항하는 중국 세력은 'BAT(바이두Baidu, 알리바바Alibaba, 텐센트Tencent)'다. 이들의 싸움은 이미 시작되었다.

러시아의 푸틴 대통령은 가까운 미래에 '그레이트 게임(The Great Game)'⁴이 새로 전개될 것이라고 예측하며 이렇게 말했다.

"AI를 지배하는 자가 누구든 간에 그가 세계를 지배할 것이다."

중국 소식통인 한 기자가 최근 취재를 위해 베이징공항을 통해 중국으로 들어갔는데, 그는 여권 대조부터 얼굴 인식, 지문 대조, 성문(聲紋) 검사까지 중국의 입국 심사 시스템이 완전히 디지털화되었더라고 전했다.

10여 년 전만 해도 기자들이 베이징, 상하이 등에서 현지 특파원을 만날 때는 미행을 신경 써야 했다. 미행을 따돌리면 오히려 감시가 더 강화되기 때문에 미행을 모르는 척하는 기자도 많았다. 도청

---

4 19세기부터 20세기 초까지 중앙아시아의 패권을 차지하기 위한 대영제국과 러시아제국 간의 전략적 경쟁이자 냉전을 총칭하는 말. 현재 중앙아시아의 강대국과 지역 강국의 지정학적 권력과 영향력에 대한 경쟁을 의미하는 말로 사용되고 있다.

은 말할 것도 없어서 전화 통화를 할 때도 은유적인 표현으로 대화를 나눴다. 이를테면 장쩌민 주석을 가리킬 때는 '검은 안경을 쓴 아저씨'라고 돌려서 표현했다.

알리바바와 바이두, 텐센트는 미국에서 훔친 기술을 가지고 빅데이터를 충분히 모은 다음 중국 공산당이라는 독재정권이 요구하는 정보관리에 공헌해왔다. 이들은 공산당의 명령에 따랐기 때문에 지금까지 순풍에 돛 단 듯 어려움 없이 시장을 형성할 수 있었다.

미국은 직접 개발한 차세대 AI와 IT(정보기술)를 이제 더 이상 중국에 공급하지 않는다. 따라서 중국은 다른 계통의 AI 소프트웨어로 독자적인 기술을 구축할 수밖에 없다. 그에 따라 머지않아 미국과 중국이 견인하는 기술 체계에 따라 세계가 일명 '소프트웨어 커튼'으로 양분될 것이라고 하는데, 그 미래가 바로 코앞에 와 있다.

석유를 자족할 수 없게 되는 중국은 전쟁할 뜻이 있더라도 해상에서의 활동을 봉쇄당하면 곤경에 빠지게 된다. 그렇게 되면 대외전쟁은커녕 석유 비축 쟁탈전이 지역 군벌(軍閥)로 전개된다. 여기에 알리바바 등이 축적한 빅데이터를 사이에 두고 국내 군벌 전쟁까지 일어날 것이다. 중국군의 고질병이자 군벌끼리의 이권 쟁탈, 주도권 싸움 등 중국 내의 패권 쟁탈전은 중국인에게 깊이 스며 있는 DNA의 소행이다.

중국의 IT 학자 리카이푸는 예언했다.

"AI에 관해서 중국과 미국은 평행한 정보 공간을 구성한다. 양쪽 진영은 두 계통의 다른 AI 기술로 이 세계를 양분할 것이다."

반도체도 AI도 '반숙' 상태인 중국이 최첨단 미국과 어깨를 나란히 할 수 있는 것은 AI가 기존의 사용 실적을 반복적으로 쌓아서 얻은 결과에 따른 공학이 아니기 때문이다. 고정 전화기 시대에서 느닷없이 휴대 전화기 시대로 돌입한 중국은 소비의 경우에도 현금에서 카드 시대를 넘어 갑자기 스마트폰 결제 시대로 돌입했다. 또 미국에서 설계도와 소프트웨어를 훔쳐내 자기 나름의 체제를 확립했고, 화웨이의 제품이 오지를 포함해 세계 어디에서나 사용되면서 중국은 지금 세계를 석권하려고 하고 있다.

　이런 현실을 앞두고 아직 중국의 AI나 IT 산업은 결국 미국이 취할 '신(新) 코콤'[5]에 따라 제재의 대상이 될 것이다. 이렇게 AI 세계 분할 전쟁이 시작되었다.

　이 같은 문제의식에서 비롯된 이 책은 우리 두 필자의 자유로운 대담 형식으로 구성돼 있다. 머지않아 중국발 세계 금융공황이 일어날 것이다. 그러나 각국의 대책은 현실보다 뒤처진다. 일본 만의 문제가 아니다. 이에 우리 두 사람은 독자 여러분이 앞으로 닥칠 차이나 리스크에 현명하게 대비할 수 있도록 하는 데 역점을 두었다. 많은 이들에게 널리 읽히기를 기대한다.

5　코콤(COCOM)은 1949년 소련과 중국 등 공산권의 서방 첨단 군사기술 접근을 막기 위해 출범한 냉전시대의 대표적 제재 기구다. 이후 기존 서방 17개국에 러시아를 포함해 새로 발족한 기구를 '신 코콤'이라 한다. 신 코콤에서는 통제 대상국을 공산국가 외에도 북한, 이라크, 이란, 리비아 등 핵확산금지조약(NPT) 저촉국과 유엔 결의 제재국도 포함한다. 신 코콤 회원국은 이들 국가에 대한 전략물자, 군수물자 및 고도기술의 수출을 규제할 의무가 있다.

차례

1

How to Survive
the Global Economic Crisis
that Began in China

이것은 미·중 무역 전쟁이 아니라 세계 패권 전쟁이다

중국 버블의 끝에
세계 경제의 운명이 달려 있다

3
**How to Survive
the Global Economic Crisis
that Began in China**

중국의 세계 전략이
실패할 수밖에 없는 이유

4
**How to Survive
the Global Economic Crisis
that Began in China**

시진핑과 그의 부하들은
능력이 있기는 한 걸까?

5
**How to Survive
the Global Economic Crisis
that Began in China**

2020년 중국발
인플레이션 시나리오

CHINA
ECONOMIC COLLAPSE

—

1

이것은 미·중 무역 전쟁이
아니라 세계 패권 전쟁이다

물러날 곳 없는 트럼프,
중국에 관세 폭탄 투하로 기회 노려

MIYAZAKI _____ 미·중 간의 결전이 드디어 시작되었습니다. 이 싸움은 갈수록 더욱 치열한 무역 전쟁으로 치달을 것으로 보입니다. 미국 트럼프 대통령은 무려 2,000억 달러(약 237조 6,000억 원)에 달하는 대중(對中) 무역 적자와 불공정한 무역 관행을 문제 삼으며 중국 수입품에 보복 관세를 매기기 시작해 시장을 깜짝 놀라게 했습니다.

2018년 3월, 알루미늄과 철강에 대한 관세를 인상한 것을 시작으로 7월에는 제재 관세 1탄으로 중국산 수입품 340억 달러(약 40조 3,000억 원)분에 25퍼센트의 관세를 부과했어요. 그리고 8월에는 2탄으로 160억 달러(약 19조 원)분에 대해 25퍼센트의 관세를 부과했고요. 이에 중국도 미국산 수입품 500억 달러(약 59조 원)분에 관세를 매겨서 대항했어요. 말 그대로 관세 협상 전쟁입니다. 쌍방이 끝까지 우기면서 버티고 있는 거죠.

미국은 이어서 3탄으로 9월에 중국산 수입품 2,000억 달러(약 237조 3,000억 원)분에 대해 10퍼센트의 관세를 부과했습니다. 이 3탄에는 그 대단한 중국도 대항하지 못하고 결국 미국산 수입품 600억 달러(약 71조 원)분에 관세 5~10퍼센트를 부과하는 데 그쳤어요. 작금의 상황을 '미·중 신 냉전'이라고 말하기도 하는데, '미·중 무역 전쟁'이 발발했다고 표현할 수도 있을 것 같습니다.

그러다가 2018년 11월 29일부터 아르헨티나에서 개최된 G20 마지막 날 미·중 정상회담이 이루어져서 미·중 무역 전쟁은 이후 90일 동안 일시 휴전에 들어갔습니다.

미국은 2019년 1월에 예정된 2,000억 달러분의 관세 인상을 중지하고 미·중 통상 협의 기간을 90일로 뒀습니다. 또 그때까지 미국의 대중 협상 창구는 스티븐 므누신 재무 장관이 맡았는데, 강경파인 로버트 라이트하이저가 미국 통상 대표가 되면서 뉴욕 다우존스 평균주가 지수가 떨어지기 시작했습니다.

TAMURA ——— 미국은 3탄에서 예정했던 2,000억 달러분에 대한 관세율을 10퍼센트에서 25퍼센트로 변경하려다가 중단했죠.

그 대신 중국은 농산품과 공업제품의 대량 수입을 약속한 모양입니다. 142항목의 양보안도 이미 내놓아서 중국은 승부를 포기한 듯이 보입니다. 그러나 협상 상대가 라이트하이저 통상 대표이기에 단순한 수량 규제만으로는 끝나지 않을 것입니다.

MIYAZAKI ____ 중국 측 협상 담당은 국무원 부총리인 류허겠지요. 중국의 경제 정책은 류허를 중심으로 이루어집니다. 그는 하버드대학교에서 유학했는데, 대학 시절 친구가 없어서 미국 인맥을 만들지 못했어요.

미디어에서는 '소방수'라는 별명이 있는 중국 국가부주석 왕치산 대망론이 나왔는데, 왕치산은 나오지 않았어요. 그도 그럴 것이 대미 협상에서 실패하면 자신만 손해를 보는 것일 테니까요. 더구나 왕 부주석은 경영 위기에 처한 하이항그룹과 밀접한 관계가 있다는 소문이 나면서 발등에 불이 떨어진 상황입니다. 왕 부주석과 그 일가의 부정 축재에 하이항그룹이 깊이 연루되어 있다는 소문이 있습니다.

TAMURA ____ 미·중 경제 전쟁은 장래의 안전보장상의 문제를 포함하는 기술 패권, 경제 패권을 위협하기 때문에 미국 입장에선 용납할 수 없는 일입니다. 이 점에서는 공화당, 민주당을 불문하고 의견이 일치하죠. 미국의 중장기 전략 면에서 보면 그렇습니다.

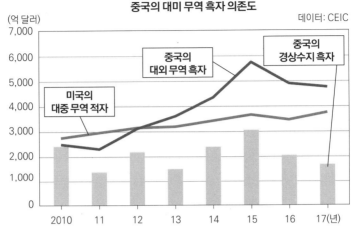

[표 1] 중국의 경상수지와 미국의 대중 무역 적자

중국의 대미 무역 흑자 의존도

(억 달러)   데이터: CEIC

또 하나는 트럼프가 그토록 주먹을 불끈 쥐며 대중 무역 적자 2,000억 달러(약 237조 6,000억 원)를 줄이겠다고 했는데, 아직까지 줄이지 못했어요.

MIYAZAKI _____ 미·중 간에 무역 긴장감이 고조되자 중국 기업들이 막판 밀어내기 수출을 한 덕에 2018년 3분기, 4분기에 중국은 오히려 무역 흑자를 기록했어요. 하지만 이는 일시적인 현상입니다. 미국의 대중 무역 적자가 중국의 번영을 지원한다는 것([표 1] 참조)은 이미 지난 얘기입니다.

TAMURA _____ 트럼프의 재선이 달린 차기 대통령 선거는 2020년

11월 3일입니다. 이제 얼마 남지 않았죠. 그런데 아무리 봐도 트럼프는 물러날 것 같지 않아요. 그러나 하이테크 분야에서의 주도권은 물론이고, 무역 적자가 줄지 않으면 트럼프가 재선할 일은 없을 것입니다.

미·중 백년전쟁의
서막이 열렸다

MIYAZAKI ——— 앞에서 작금의 상황을 두고 '미·중 신 냉전'이 아니라 '미·중 무역 전쟁'이라고 말했지만, '미·중 백년전쟁'이라고 해야 할지 모르겠군요. 어쩌면 100년이 넘는 전쟁이 될 수도 있습니다.

역사적으로 로마와 카르타고의 전쟁, 아니면 아테네와 스파르타의 전쟁, 영국과 프랑스의 백년전쟁 같은 큰 전쟁이 있었고, 이번 게임이 어떻게 전개될지 모르지만, 확실한 건 이번 게임으로 인해 세계사적 그레이트 게임의 판이 달라질 거라는 겁니다. 2018년 10월 4일, 미국의 싱크탱크인 허드슨 연구소에서의 마이크 펜스 부통령의 연설은 마치 선전포고와 같았습니다. 그리고 11월에 열릴 APEC에서 공동 성명을 발표할 수 없다는 미국과 중국의 태도 등을 보면서 '이제 겨우 시작일 뿐이다', '이 싸움은 오래가겠다'라는 인상을 받았습니다.

TAMURA _____ 2018년 11월, 도쿄에서 CPAC라고 하는 보수주의 정치행동 컨퍼런스가 열렸습니다. 저도 회의에 참석해서 당시 OMB(미국백악관관리예산처) 국장이었던 믹 멀베이니 백악관 비서실장 대행과 대화를 나눴습니다.

그는 트럼프 대통령의 신뢰가 매우 두터워서 아르헨티나에서 열린 G20에도 동행했어요. 그는 '트럼프이즘'이라 불리는 미국 제일주의, 규제 완화와 감세 정책의 사령탑이며, 미·중 무역 전쟁에도 깊이 관여하고 있는 인물입니다.

멀베이니 비서실장 대행에게서 들은 미국의 대중 정책 목표는 '중국이 달라져야 미·중 무역 전쟁이 끝난다'는 것이었습니다. 이것이 트럼프 정권의 기본적인 생각입니다.

MIYAZAKI _____ 허드슨 연구소에서 있었던 펜스 부통령의 연설에서도 미국의 강력한 결의를 엿볼 수 있습니다. 허드슨 연구소의 중국 전략센터 소장인 마이클 필스버리는 유명한 친중파였는데, 그는 중국에게 속았다는 것을 깨닫고 요즘은 중국 때리기에 앞장서고 있습니다. 그도 중국이 달라지지 않으면 앞으로 전혀 나아갈 수 없다고 말합니다. 이 문제는 무역 적자가 해소된다고 해서 끝나는 싸움이 아니에요. 차세대 통신 기술 5G의 주도권을 다투는 기술 패권에 관한 이슈가 얽혀서 안전보장도 포함한 패권 전쟁인 겁니다. 미·중 하이테크 전쟁이라는 게 그 대결 구도의 중심에 있어요.

TAMURA _____ 멀베이니 비서실장 대행은 중국과의 적대관계는 바라지 않지만 중국 쪽에 지금의 방식을 바꿔야 한다고 강조했습니다.

소련과 냉전 중일 때 로널드 레이건 전 미국 대통령은 소련을 붕괴시켜야 한다고 주장하거나 소련을 '악의 제국'이라고 칭했습니다. 하지만 지금은 중국을 붕괴시켜야 한다거나 '악의 제국'이라는 표현은 전혀 쓰지 않아요. 현재 미국과 중국의 관계는 냉전이라고 하면 냉전이지만, 경제 분야에 한해서입니다. 군사 면에서의 대립은 힘을 겨루는 것이기에 비교적 단기간에 결말이 나는 경우가 많아요. 그렇다고 해도 경제는 안전보장과 불가분의 관계이기 때문에 군사를 포함하는 전면적인 대립으로 발전할 가능성이 잠재되어 있습니다. 직접적인 군사 충돌에 이르지 않더라도 하이테크를 포함한 경제가 군사력을 뒷받침한다는 점을 트럼프 정권은 잘 알고 있어서 중국의 경제력을 억누르는 전략을 취합니다. 그러나 무역 불균형과 하이테크 기술

절취 문제는 단기간 또는 몇 년 안에 해결될 수 없으므로 장기 화되는 것을 피할 수 없어요.

안전보장 면에서는 남중국해 등에 관해 오바마 정권 때와 달리 '항행의 자유' 작전도 꽤 과감하게 실시하는 등 완강하고 강경한 태세를 유지하고 있습니다. 제가 봤을 때 트럼프 정권은 미국이 대중 무역 적자 2,000억 달러(약 237조 6,000억 원)를 줄이는 것이 얼마나 중요한지 확실히 인식하고 있어요. [표 2]를 봐도 알 수 있듯이 이 대중 무역 적자야말로 중국이 제멋대로 설치게 하는 요인이 되었죠. 트럼프가 이를 저지하기 위한 전략을 고수하느냐 마느냐가 매우 중요한 문제라는 뜻입니다.

[표 2] 미국의 대중 무역 적자와 중국의 금융, 군사 지출
달러 공급이 중국 팽창을 뒷받침해왔다

데이터: CEIC, 중국 인민은행, 스톡홀름 국제평화연구소

아르헨티나 G20 기간 중 개최된 미·중 정상회담에서 90일 동안 휴전하기로 했지만, 그 휴전이 과연 오래 지속될까요? 아마 그렇지 않을 겁니다.

미국은 딱히 공산당 체제를 붕괴시키겠다고는 하지 않지만 불공정한 무역 관행과 기술 표절에 관해서는 용납하지 않아요. 중국은 '중국 제조 2025' 전략을 내세우며 국비에서 보조금을 쏟아 부어 미국에 도전하겠다고 하는데, 이 문제뿐 아니라 불공정 무역 관행과 지적재산권 문제 등으로 야기되는 미·중 간 무역 불균형 문제를 시정하기 위해서는 본질적으로 현재 중국의 공산당 체제가 달라져야만 가능한 일이잖아요? 그런 의미에서는 이번 분쟁이 백년전쟁 같은 기나긴 싸움이 될 것이며, 무역 중심의 전쟁이 될 것이라는 관점은 확실히 옳다고 생각합니다.

통화와 하이테크의 패권국에 중국이 도전한다는 측면에서 보면, 만약 협상이 성립된다 하더라도 정치적인 이유로 인한 아주 일시적인 휴전일 수밖에 없어요. 중국의 공산당 체제가 지속되는 한 통화와 하이테크를 끌어들인 무역 전쟁은 끝나지 않을 겁니다.

MIYAZAKI 제재 관세 협상이라는 것은 정말로 시작일 뿐이에요. 미국은 총 2,500억 달러(약 296조 7,000억 원)분의 수입품에 대한 관세를 기존의 10퍼센트에서 25퍼센트로 올릴지 검토하고 있습니다.[1] 3차는 중지하고 3월 1일까지 휴전해서 90일 동안 협상을 하겠다는 것이었는데, 중국이 조건을 받아들이지 않을 경우 미국으로서는 다시 90일을 연장하면 그만이에요. 관세 협상보다 미국이 정말로 화가 나 있는 부분은 역시 기술, 하이테크 아닐까요? 이는 오바마 정권 때부터 계속되어온 심각한 문제였는데, 오바마는 결국 강경책으로 전환하지 못했죠.

TAMURA _____ 그래서 트럼프는 특허기술을 훔치거나 중국에 진출하는 외국 기업에게 중국 기업과의 합병을 조건으로 거는 데다 기술 제공까지 강요하는 중국의 불공정한 통상 관계를 전부 때려 부수려고 하는 겁니다.

MIYAZAKI _____ 처음 트럼프 정권이 발족했을 때는 중국에 대해 경계 발언만 한 정도였고, 안전보장회의에는 기술 담당도 한 명밖에 없었습니다. 그런데 지금 백악관 안전보장국의 직원들은 대부분 기술 계통의 사람들이라고 합니다. 이들은 세세한 부분까지 철저히 조사해 어느 회사가 어떤 기술을 빼갔는지까지 다

---

1 2019년 5월 10일에 미국은 중국에 대해 3차로 총 5,745개 품목에 관세 10퍼센트를 부과했으며, 관세 부과액은 총 2,000억 달러(약 237조 6,000억 원)에 달한다. 이에 중국은 미국에 대해 같은 해 6월 1일 총 5,078개 품목에 5~25퍼센트의 관세를 부과했으며 관세 부과액은 750억 달러(약 89조 원)다.

파악하고 있을 겁니다.

중국의 기술 도용은 두 가지 문제로 나타났어요. 하나는 하이테크에 관한 건데, 미국의 하이테크 기업을 매수할 때 중국에게는 절대로 허용하지 않는 것이고, 또 하나는 스파이 적발을 강화한 겁니다. 기존에는 정치 스파이가 문제였다면 최근 적발되는 스파이는 대부분 기술 스파이입니다. 벨기에서 체포한 범인을 일부러 미국으로 송환해 기소한 일이 있는데, 이 사건에서는 지금까지 본 적 없는 끈질김이랄까, 강한 집념이 느껴집니다.

2018년 12월 1일, 캐나다에서 중국 화웨이의 CFO 멍완저우가 구속되고, 같은 날 하이테크 스파이의 고문 격이던 장서우청 박사가 자살한 사건의 이면에도 이런 분위기가 깔려 있습니다.

TAMURA_____ 오바마 정권 시절에도 중국 기업이 뒤로 북한을 지원하는 등의 문제가 있어 재무부 내부에서 철저히 조사한 적이 있습니다. 그러나 오바마 정권 시절의 백악관은 이 문제에 대해 철저하게 함구하고 표면화시키지 않았죠.

멀베이니 비서실장 대행의 말에 따르면 트럼프는 오바마와는 완전히 달라요. 오바마 시절의 친중적 노선을 과감히 다 뒤집은 것이 트럼프 정권의 특징이라고 해요.

MIYAZAKI_____ 트럼프 대통령이 오바마의 정책을 전면 중단하고 있다는 것은 잘 알려진 사실이에요. 트럼프가 취임 후 맨 처음 한 일도 '오바마 케어' 폐지였죠. 친중 노선이었던 오바마 대통령은 정권 전기에는 '아시아 피벗(Pivot to Asia)'을 외쳤습니다. 즉 '미국은 아시아로 중심축을 옮긴다'는 뜻이죠. 그런데 정권 후기가 되자 '아시아 피벗'이 아니라 소극적인 자세로 '리밸런스(재균형)' 정책을 천명했어요. 바꿔 말하면 '기축 변경'에서 '재균형'으로 바뀐 건데, 이게 무슨 의미일까요?

TAMURA_____ 원래 오바마도 그렇고, 공화당의 부시 정권에서도 중국 편을 들거나 중국에 융화 자세를 취해왔는데, 가장 큰 원인은 역시 월스트리트였을 겁니다. 1990년대 클린턴 정권 이후 백악관은 월스트리트 출신들이 요직을 차지했거든요.

재미있는 점은 미국 통상산업정책국의 피터 나바로 국장이 조지 부시 정권 시절 재무 장관이었던 헨리 폴슨을 심하게 비난한 거예요. 골드만삭스의 회장 출신인 헨리 폴슨이 베이징에 자주 찾아가 미·중 무역 마찰의 중재자 역할을 하려고 한 것을 비판했죠. "글로벌리스트 억만장자가 중국의 영향력을 받아서 백악관에 전면적인 공격을 준비하고 있다"라고 매우 엄하게, 매도하듯 표현했습니다. 이는 헨리 폴슨를 위시한 월스트리트 무리를 지목하는 것이죠.

폴슨은 중국 칭화대학교에서 강의를 한 적도 있어서 '차이니스 폴슨'이라고 불릴 정도로 중국파입니다.

그 배경에는 말레이시아의 정부계 펀드 1MDB(1Malaysia Development Berhad, 말레이시아개발유한공사) 스캔들이 얽혀 있죠. 1MDB는 65억 달러(약 7조 7,000억 원)의 채권을 발행했는데, 이 채권 형성에 아부다비의 투자공사 등도 협력했다고 합니다. 골드만삭스는 그 수수료로 채권액의 9.2퍼센트에 해당하는 6억 달러(약 7,100억 원)를 떼어갔죠. 수수료로 9.2퍼센트면 사실 너무 심했죠.

이와 관련해 2018년 11월 23일, 말레이시아의 토미 토머스 법무 장관은 기자회견을 열고 '부적절한 투자에 쓰였다'며 골드만삭스를 미국 연방대법원에 기소했습니다. 그보다 며칠 앞서 말레이시아 재무 장관이 골드만삭스에 6억 달러를 반환하라고 요구하는 재판을 미국 연방대법원에 제소했고요. 그날 하루에만 골드만삭스의 주가가 6.5퍼센트 하락했습니다.

또 아부다비의 국제석유투자회사(IPIC: International Petroleum Investment Company)도 속아서 출자했다며 11월 21일 뉴욕 대법원에 손해배상 청구 건으로 민사소송을 걸었어요.

말레이시아 1MDB 스캔들에는 골드만삭스 대표이사 두 사람이 얽혀 있었습니다. 원래 이 펀드는 중국의 일대일로 정책과 관련된 것이라서 말레이시아는 자금을 변통할 필요가 딱히 없었어요. 그런데 운수 인프라와 원유 파이프라인 인프라를 만들기 위한 돈이 필요하다며 말레이시아를 끌어들인 겁니다. 재판은 어떻게 진행될까요? 골드만삭스가 유죄 판정을 받으면 트럼프 정권의 골드만삭스에 대한 입장은 과연 어떻게 될까요?

TAMURA _____ 트럼프 정권에서는 골드만삭스가 상당히 배제되어 있습니다. 골드만삭스 출신의 게리 콘 국가경제위원회(NEC: National Economic Committee) 위원장은 사임을 했고, 므누신 재무 장관도 골드만삭스 출신이기는 하지만 영화만 만들던 인물입니다.

사실 골드만삭스는 리먼 브라더스 사태 때 중국의 국가 펀드에 손해를 입혔어요. 어느 날 폴슨이 중국의 왕치산 국가부주석에게 전화를 걸어 모건 스탠리를 도와달라고 했더니 '그동안 할 만큼 했다. 이제 그만 좀 해라'라며 도망쳤다고 합니다.

다른 나라의 돈과 기술 이용한 성공에
제동 걸린 중국

MIYAZAKI　　　월스트리트는 중국을 이용해서 돈을 벌었고 앞으로
도 그럴 생각인데, 그 이야기를 먼저 할까요?

중국이라는 나라는 자국의 자본을 축적해 성장했다기보다 다
른 나라의 돈으로 발전해온 나라입니다. 화교, 일본, 홍콩, 대만
이 초기 투자가였는데, 이후에는 미국과 유럽에서도 막대한 달
러가 유입되었습니다. 게다가 현지 기업과의 합병을 조건으로
내건 탓에 주주 자본도 50퍼센트를 넘지 않고, 절대로 외국인
이 51퍼센트가 되지 않는 것을 전제로 계약이 성사되었죠. 중
국 입장에서는 완전한 보호무역 아닙니까?

외화가 들어와서 인프라가 구축되었고, 저임금 노동자를 이용

해 제조한 상품을 저가로 수출했어요. 그렇게 벌어들인 달러로 위안화를 발행했고요. 그리고 대미 무역 흑자로 외화를 움직일 수 있었고요.

또 하나, 여전히 외국 기업의 직접 투자가 계속되고 있어요. 아직도 중국에 환상을 품고 있는 외국 기업이 많다는 사실이 그저 놀라울 따름입니다. 그 금액이 연간 평균 1,300억 달러(약 154조 3,000억 원)나 돼요. 일본 기업 중에는 중국 오지에까지 투자하는 기업들이 아직도 있어요.

TAMURA _____ 중국은 외화와 더불어 기술 도용으로 성장해온 나라입니다. 중국에 진출하는 외국 기업에 기술 제공을 강요했는데, 이게 중국의 성공 모델입니다. 트럼프는 그걸 막으려고 하고 있죠. 그런 부분이 이번 미·중 무역 전쟁의 밑바탕에 깔려 있는 문제가 아닐까요? 트럼프가 자신의 뜻을 끝까지 고수할 수 있을지가 매우 중요한 문제일 것입니다.

미·중 통상 협상에서 처음에 중국 측은 142개 항목에 달하는 개선안을 내놨어요. 이후 아르헨티나에서 열린 미·중 정상회담에서는 조금 줄였는데, 중국은 부분적으로 이권을 조금씩 내놓아서 미끼를 던져주며 상황을 모면하려고 하죠. 중국은 전통적으로 이런 전략을 써오고 있어요.

MIYAZAKI _____ 이런 전략은 일본이 먼저 구사하지 않았나요? 일본은 대미 무역 마찰로 호된 경험을 했으니까요. 중국은 일본의 버블 붕괴를 보고 배운 것도 있고, 일본과 미국의 통상 협상 과정도 잘 알고 있잖아요.

TAMURA _____ 특히 중국은 플라자 합의[2] 이후의 일본 경제에 매우 큰 관심을 갖고 있어서 일본 측에서 상세한 이야기를 듣고 있어요. 저도 예전에 중국의 전문가와 만났을 때 플라자 합의가 일본 경제 침체의 원흉이라고 설명했더니 '알고 있다'고 대답하더군요.

MIYAZAKI _____ 원래 덩샤오핑이 제창한 개혁개방정책을 한층 더 강화한 남순강화(南巡講話)[3]를 발표한 이후 1994년에 중국은 위안화를 의도적으로 싸게 책정했는데, 그 효과는 바로 나타났어요. 미국의 투자를 끌어내 공장을 세우게 하고 저가의 노동력을 제공해 대미 무역 흑자를 만들어 중국 경제가 발전했습니다.

---

2 1985년 9월, 미국, 영국, 프랑스, 서독, 일본의 재무 장관과 중앙은행장 들이 미국 뉴욕 플라자 호텔에 모여 달러화 약세를 유도하기로 한 합의

3 덩샤오핑이 1992년 1월 우한, 선전, 주하이, 상하이 등을 시찰하고 발표한 담화. 이후 1989년 일어난 천안문 사건으로 일시 중단되었던 개혁개방정책이 다시 추진되었다. 담화의 주요 내용은 민간 기업 육성, 400여 가지의 규제완화 등으로, 이를 계기로 중국의 경제 개방에 다시 속도가 붙기 시작했다.

TAMURA   그때 통화의 '이중 상장제' 같은 것을 일원화한다고 해 화폐 가치를 내렸죠.

MIYAZAKI   '이중 상장'이라면 중국 내에서 통용되던 위안화와는 별도로 외국인용 태환권(兌換券)을 발행하던 때의 이야기군요. 외국인용 태환권은 정말로 하찮은 티켓 같은 것이었어요. 아마 이때 위조지폐가 대량으로 나왔을 겁니다. 그래서 암시장에서 홍콩달러가 활발히 거래되었습니다.

중국 시장에 미련 못 버리는
미국 기업들

MIYAZAKI   현재 미국 주식시장의 중심을 이루고 있는 기업은 앞에서 말한 GAFA, 즉 구글, 애플, 페이스북, 아마존인데, 이 기업들은 뉴욕 다우존스 평균주가 총액의 절반 정도를 장악하고 있죠. 요 몇 해 사이 미국의 주가는 몇 차례 폭락하기는 했지만 최근 들어서는 사상 최고치를 갱신했어요. 높은 시세를 견인한 것이 GAFA 주식이었습니다. 그런데 이 GAFA 기업은 모두 중국에서 돈을 벌려 하고 있어요. 아마존 같은 경우 계속 중국에 진출하고자 하는데, 그 이유는 무엇일까요?

TAMURA   그야 당연히 인구 14억 명의 거대한 시장 때문 아닐까요? 인터넷 유통업은 탄생할 때부터 글로벌, 무국적이잖아요. 하지만 자유가 있어야 성립되는 비즈니스라서 공산당에 의한 통제 시스템과는 부딪힙니다. 아마존이 자유롭게 반(反)중국 서적이나 미디어까지 중국인이 자유롭게 이용할 수 있게 하려면 공산당 지배 체제가 붕괴되어야 해요. 반대로 아마존이 공산당의 제한을 받는 조건으로 중국 시장에 진출하는 일이 있을 수 있는데, 이렇게 되면 애플, 구글, 페이스북도 공산당의 통제에 협력할 수밖에 없게 돼요. 그때 중국 정부는 필시 통제를 더 강화하겠죠.

MIYAZAKI   미국 트럼프 정권은 2018년 9월, 발표를 통해 2019년 10월 17일을 기해 UPU(Universal Postal Union, 만국우편연합)에서 탈퇴하겠다고 한 바 있습니다. 중국 등 개도국 취급을 받는 나라에서 미국으로 보내는 우편 요금이 저렴하게 책정되어 있는 탓에 USPS(United States Postal Service, 미국 우편공사)나 기업이 불리해졌다는 이유에서입니다. UPU는 국제우편을 취급하는 UN의 전문기관인데, 미국은 앞으로 1년 동안 각국과 협상하여 긍정적인 발전이 없으면 UPU에서 탈퇴하겠다고 했습니다. 그것으로 돈을 가장 많이 버는 곳이 알리바바 등 중국 인터넷 기업이에요. 요컨대 중국의 잡화 등 미국 슈퍼마켓에서 인기 있는 상품을 모두 소액우편으로 보내고 있어요. 미국은 중국에서

온 우편물을 국제우편법상 무료로 배달해야 합니다. 중국이 미국의 USPS를 이용해 저렴한 가격으로 상품을 수출하고 있다는 뜻이죠.

이상하게도 지금까지 슈퍼마켓이나 소매점에 팔았던 상품을 정규 본선 인도 조건 가격(FOB Price)이 아니라 소량으로 나눠 우편으로 개인에게 보내면 개인용인지 상업용인지 알 수 없어서 세금이 부과되지 않았어요. 게다가 송장에 '개인 소지품'이라고 적으면 세관에서 검사도 할 수 없었어요.

이런 건수가 많아지자 미국은 더 이상 참지 못하게 된 거죠. 사실상 3,750억 달러(약 445조 원)의 무역 적자와는 별개의 안건이라며 화를 낸 겁니다. 그러면서 1년 동안 지켜보겠다고 한 것인데, 지금처럼 몰아붙이면 중국은 더 이상 장사를 할 수 없게 됩니다.

또 중국 시장에 아직 미련이 남아 있는 미국 기업은 어디일까요? GM과 보잉을 들 수 있겠네요. 보잉은 중국에서 300기 정도의 주문을 받았을 텐데, 어떤 피해가 생길까요? 중국이 분노에 겨워 수입을 취소하려 해도 위약금이 더 크기 때문에 함부로 취소하지는 못할 겁니다.

중국 측은 미국에 셰일가스를 사겠다는 말까지 했습니다. 2,800억 달러(약 332조 2,000억 원)에 필적하는 셰일가스를 수입해서 무역 불균형을 해소하겠다는 것이었죠. 처음에는 알래스카 석유를 사들이고, 셰일가스도 수입하고, 또 보잉사의 항공기를 대량으로 발주하겠다고 했어요. 또 앞으로 농작물 등 콩 수입을 1,200만 톤 늘리겠다고 했습니다. 거론한 품목은 많았지만 그중에서 실행된 것은 보잉뿐이었고, 나머지는 아직 실행될 기미가 보이지 않습니다. 콩의 경우는 수입하겠다고 하는 물량이 계속 달라지고 있고, 약속한 물량 중 절반 정도만 수입하고 있습니다.

그런데 셰일가스를 중국에 판매하는 것이 미국의 법률에 저촉되지는 않을까요? 일본에도 아직 팔지 않고 있는데 말이죠. 그 말은 즉, 중국이 실현 불가능할 것이라는 것을 알고 큰소리를 친 걸로밖에는 볼 수 없다는 겁니다.

TAMURA —— 원래 2018년 5월 무렵에 므누신 재무 장관이 베이징에 가서 협상을 했습니다. 중국이 이런 조건을 내놓았더니 므누신도 긍정적으로 생각해보겠다며 미국으로 돌아갔는데 트럼프가 죄다 퇴짜를 놓았죠.

결국 중국이 제시한 내용을 파헤쳐보면 실현 불가능하거나 시간이 너무 오래 걸리는 것들이 많아요. 말로만 그칠 것들을 패키지로 만들어 내놓은 탓에 트럼프가 화를 낸 모양입니다. 대중 협상 창구를 맡고 있던 므누신은 이 일 이후 보좌역으로 물러났죠. 그래도 트럼프 대중 협상팀의 결속이 흐트러지는 일은 있을 수 없습니다. 대통령 수석 보좌관 대행을 겸하는 멀베이니와 펜스 부통령이 강조했듯이 백악관에서는 중국이 달라지기 전까지 강경 노선을 유지하겠다는 합의가 확립되어 있어서 흔들리지 않는 겁니다.

MIYAZAKI _____ GAFA는 중국과의 비즈니스를 확대하고 싶어 합니다. 말하자면 트럼프 정권에 정면으로 반대하는 거죠. 월스트리트도 대중 통상 확대파입니다. 그래서 월스트리트는 트럼프 정권에 대해 반대를 넘어 방해를 하고 있어요.

통상산업정책국 피터 나바로 국장도 원래는 힐러리를 응원해서 민주당 소속으로 선거에 출마했다가 낙선했던 인물입니다. 그는 민주당에서 공화당으로 전향한 사람이에요.

TAMURA _____ 원래는 트럼프도 민주당을 지지했었죠. 그래서 한편으로는 민주당스러운 부분도 있을 겁니다. 나바로가 갑자기 힘을 얻은 것은 국가경제위원회의 위원장이었던 전 골드만삭스의 게리 콘이 사임한 2018년 3월 이후부터였죠.

MIYAZAKI _____ 트럼프 행정부가 정책을 완전히 일치시켜 내놓기까지는 1년의 시간이 걸렸습니다.

외교의 경우, 사임한 렉스 틸러슨 국무 장관은 굳이 말하자면 헨리 키신저 노선이었기 때문에 중국에 엄격하게 대응하지 못 했어요.

윌버 로스 상무 장관과 스티븐 므누신 재무 장관은 중국 강경 파가 아닙니다. 국방 장관인 제임스 매티스는 중국 강경파지만, 안전보장 문제로 트럼프와의 의견 충돌을 겪은 후 2018년 연 말에 사임했습니다.

그 후 마이크 폼페이오가 국무 장관을 맡으면서 트럼프 행정부는 확실히 대중 강경 노선으로 전환되었어요. 대통령 수석 보좌관으 로 존 볼턴이라는 보수주의 이론학자를 데려와 대중 강경 노선 의 수완가가 겨우 갖춰졌었죠. 그게 2018년 5월 무렵이군요.

그 후 트럼프 행정부는 노골적으로 반중을 표방하는 정책들을 발동했어요. 하지만 원래 공화당 내의 보수강경파 '티파티' 소 속이고, 동시에 월스트리트에도 가까운 폼페이오도 사실 자신 의 의견보다는 트럼프의 말에 따라 움직이는 듯한 인상이 있습 니다.

트럼프, 펜스 입 빌려
중국에 선전포고

MIYAZAKI   앞에서 말했듯이 펜스 부통령은 허드슨 연구소에서의 연설을 통해 대중 강경 노선을 명확하게 드러냈는데, 이 연설은 허드슨 연구소 마이클 필스버리 소장의 노선을 채택한 것이라 할 수 있습니다.

필스버리는 예전부터 무조건 중국 편을 드는 것으로 유명한 인물이었습니다. 그랬던 그가 《백년의 마라톤: 마오쩌둥·덩샤오핑·시진핑의 세계 패권 대장정 *The Hundred-year Marathon*》이라는 책에서 "나는 50년 동안 중국에 속았다"라고 썼어요. 중국이 2049년에 세계 패권을 장악할 것이라는 조금 과장된 내용의 책이에요.

TAMURA 미국의 기성 사회가 대중 봉쇄, 강경론으로 전환하고 있다는 의미인 듯합니다. 기존에도 비즈니스 쪽에서는 중국을 지금처럼 제멋대로 날뛰게 해서는 안 된다는 의견이 어느 정도 있었죠. 그런데 최근《월스트리트 저널》의 보도에 따르면 비즈니스계에서도 반중(反中) 움직임이 꽤 일고 있다고 합니다. 기술 제공을 강요하거나 지적재산권을 침해하는 경우를 더는 두고 볼 수 없다는 거겠죠.

멀베이니 비서실장 대행도 계속해서 말했지만 하원의 경우, 민주당이 더욱 강경하다고 합니다. 공화당은 자유무역 등을 운운하며 중국 시장 이권에 눈 먼 일부 기업이나 농업단체의 눈치를 보며 소극적으로 대처하고 있는 듯해요. 그러나 미국 전체 정계, 경제계는 반중으로 결속하고 있는 것처럼 보입니다.

MIYAZAKI 거기에는 언론과 미디어도 포함됩니다. 언론계에는 지금까지 친중파라고 일컬어진 사람들 중 여전히 중국을 옹호하고 있는 사람은 키신저 외에는 아무도 없습니다. 세계적인 중국 전문가인 조지워싱턴대학교 데이비드 샴보 교수도 베이징에서 국제회의가 있으면 반드시 발표자로 초대받았었는데, 그도 최근 중국에 대한 강경파로 돌아섰습니다.

미디어 중에서도 연일 '트럼프 때리기'에 집중하는《뉴욕 타임스》를 비롯해 의회도 중국 비판에 관해서만큼은 트럼프보다 더

우경화한 상태입니다. 이는 즉 미국 전체가 합의되었다는 뜻입니다. '반중'에 관해서는 모두의 의견이 일치하는 거예요.

결코 윈윈할 수 없는
두 제국의 전쟁

TAMURA ———— 제가 보기에 펜스 부통령의 연설 중 가장 눈에 띄는 부분은 '미국 민주주의의 파괴'에 관한 내용입니다. 미국의 지난 중간선거 및 2020년 대선에 '차이나 머니'가 유입되었고, 한 신문에 트럼프 행정부의 정책을 비판하는 내용이 담긴 간지 광고가 삽입되었는데, 그게 중국의 소행이라는 거예요. 미국이라는 민주주의 국가에서는 선거 방해나 트럼프 재선 저지 등과 같은 정치 개입을 가장 민감한 문제로 생각해요. 경제 문제 등은 협상으로 어떻게든 해결할 수 있지만 민주주의의 근간인 선거에 개입하는 것은 간과할 수 없죠. 트럼프도 자신의 재선이라는 매우 민감한 문제가 얽혀 있어서 그런지 화를 감추지 않았죠.

MIYAZAKI ———— 펜스가 예로 든 일은 적당히 넘길 사안이 아니라 아주 대단한 선전 활동이기 때문에 반드시 짚고 넘어가야 합니다.

TAMURA ———— 장쩌민이 정권을 잡고 있던 시절(1978~2002년)에 중국이 무슨 행동을 했습니까? 미국의 민주당을 대상으로 로비 활동을 자주 했어요. 차이나 머니가 움직였죠. 미국 정보통의 말에 따르면 거기에 관여했던 인물이 인터폴(국제형사경찰기구) 총재였던 멍훙웨이와 알리바바의 마윈이라고 했습니다. 멍훙웨이는 2018년 9월 중국 당국에 의해 체포되었죠. 진위 여부는 불분명하지만 만약 그들의 로비 활동이 사실이라면 시진핑 정권에서 책략을 짜고 있을 수도 있겠군요.
예를 들어, 시진핑이 트럼프와 뒤에서 거래를 한다면, 중국 측은 멍훙웨이나 마윈을 통해 민주당 측의 거물 정치가의 스캔들, 또는 힐러리 클린턴이나 조 바이든 등에 관한 정보를 알아낼 수 있어요. 만약에 그런 일이 있다면 시진핑은 그 정보를 거래 수단으로 삼을 수도 있을 거라는 생각이 드네요.

MIYAZAKI ———— 게다가 멍훙웨이의 부인도 좀 수상해요. 멍훙웨이보다 나이도 한참 어리고, 은행가의 딸이라고 하더군요. 그의 부인은 이미 상당한 기밀 서류를 가지고 있어요. 그녀는 프랑스 정보부의 보호를 받고 있는데, 그 말은 정보가 이미 서방으로 넘어갔다는 뜻이죠.

또 하나, 미국과 유럽은 위성통신으로 날마다 모니터링을 하고 있어서 그 정도의 정보는 이미 미국이 다 파악하고 있을 수 있어요.

TAMURA _____ 미국에 반쯤 망명한 상태로 도망친 시진핑의 정적이자 부동산 왕이었던 궈원구이가 뉴욕에 살고 있죠. 중국 측이 인도를 요구해도 미국은 절대로 넘겨주지 않을 겁니다.

MIYAZAKI _____ 충칭 당서기였던 보시라이가 2012년 실각했을 때 측근이었던 왕리쥔이 미국 총영사관에 뛰어들어 정보를 넘겼고, 중국 공산주의 청년단 소속의 링지화가 체포됐을 때는 남동생 링완청이 중요 서류를 전부 들고 미국으로 망명했어요. 링완청은 망명한 지 몇 해가 지났는데 여전히 소재가 불분명해요. FBI가 보호하고 있는 것 아니겠어요? 궈원구이가 있으니 미국이 돈에 관해서는 상당한 정보를 갖고 있을 겁니다.

TAMURA _____ 민주당 조 바이든 전 부통령이나 힐러리 클린턴에게 차이나 머니가 유입됐는지 그 진위 여부뿐 아니라 경로나 규모는 멍훙웨이를 조사하면 알 수 있을지 모릅니다.

키신저는 중국 이권 청부인(請負人)들 중 단연 최고로 꼽히는데, 키신저만큼 미국과 중국의 중재자 역할을 하며 돈을 번 거물은 없지 않을까 싶을 정도입니다. 그래서 시진핑은 2018년 11월, APEC 개최를 앞두고 95세의 키신저를 베이징으로 불러 회담을 했어요.

중국 국영 신화통신에 따르면 키신저는 "미국과 중국 양쪽은 상호 이해를 돈독히 하고 전략적인 생각을 강화해야 한다"라고 말했다는군요. 요컨대 '미국과 중국은 사이좋게 지내자'라는 말로, 시진핑은 이를 통해 중국 내에서의 선전 효과를 노렸을 겁니다. '유명한 키신저가 이렇게 말했다', '시진핑은 미국과 적대하는 것이 아니다'라는 걸 알리려는 의도였죠. 미국에게는 완전히 옛날 사람이 된 키신저에게 의지해야 할 정도로 중국이 궁지에 몰렸다는 증거로 보였겠죠.

그리고 키신저도 중국 정부에 미움 받는 것을 매우 두려워합니다. 키신저는 2018년 9월 13일, 갑자기 기묘한 성명을 발표했어요. 워싱턴에 있는 '윌슨센터 키신저 미·중 관계 연구소' 50주년을 기념하는 자리에서 키신저는 "나는 중국이 세계 질서의 잠재적 파트너라고 보고 있다. 중국과의 대립을 피할 수 없을 경우 미국과 행동을 함께할 동맹국이 없는 것이 문제다"라고 발언했습니다. 미국의 미디어 《더 데일리 비스트》는 2018년 7월 25일, 키신저가 대통령 취임을 앞둔 트럼프를 만나 "미국은 러시아와 함께 중국을 봉쇄해야 한다"고 말했다고 보도했습니다. 9월의 발언은 7월 트럼프와 만난 자리에서 한 '봉쇄'라는 발언에 중국 정부가 격노한 데 대한 해명이라고 홍콩의 영문판 《사우스차이나 모닝 포스트》가 보도했습니다.

MIYAZAKI ＿＿＿＿ 일부러 95세의 노인을 베이징으로 불러들이고, 게다가 시진핑 국가주석이 미국의 전 국무 장관과 단순히 회담하는 것이라 격에 있어서도 차이가 나니 좀 이상했죠.

키신저가 미·중 관계를 개선케 하려고 할 때쯤만 해도 중국과 미국은 서로 공존공영(共存共榮) 하면서 윈윈 관계로 가려고 했어요. 그런데 예상과 달리 미국이 일방적으로 당하는 형국이 된 거예요. 미국은 어느 순간 자국이 막대한 피해를 당하고 있다는 것을 깨달았던 거죠.

중국은 미국의 기술을
어디까지 빼돌렸나?

MIYAZAKI ——— 미국 학계도 중국에 오염되었어요. 싱크탱크가 먼저 오염되었고 대학까지 오염되었죠. 그래서 줄곧 기회를 노리던 것이 친중파 언론인의 대표격이었던 조지워싱턴대학교 교수 데이비드 샴보였습니다. 그가 '중국에 속았다'고 말하기 시작했어요. 그러자 마이클 필스버리는 데이비드 샴보를 흉내 낸 듯한 말을 하기도 했었죠. 그 복선으로는 중국이 전 세계에 걸쳐 운영하고 있는 공자학원을 의심하며 배척 운동을 벌인 걸 들 수 있어요.

TAMURA ——— 보수 성향의 연구소 AEI(American Enterprise Institute,

미국기업협회)나 좀 더 강경한 입장의 헤리티지 재단(Heritage Foundation) 등 중국을 비판하지 않았던 곳들도 줄줄이 중국 강경론을 펼쳤죠.

MIYAZAKI _____ 예전에 레이건 정권 때 수많은 인재를 배출했던 헤리티지 재단은 오바마가 정권을 잡고 있던 8년 동안 자금력을 잃고 여론 지도자마저 없어 AEI와 허드슨 연구소에 주도권을 상당히 빼앗겼어요. 심지어 트럼프는 무슨 이유에서인지 헤리티지 재단을 싫어합니다. 하지만 존 볼턴은 실직자 시절 헤리티지 재단 소속이었죠.

TAMURA _____ 반중 붐에 가장 먼저 편승한 것이 허드슨 연구소입니다. 지금 다른 보수계 싱크탱크들은 조용해요.

MIYAZAKI _____ 뒤처진 거죠. 랜드연구소(RAND Corporation)는 원래 펜타곤의 위탁 연구를 전문으로 하니까요. 최근에는 민주당 계열의 브룩킹연구소(Brookings Institution)도 친중적인 말은 하지 않게 되었어요.
펜스 부통령의 허드슨 연구소 연설은 허드슨 연구소가 쓴 시나리오 아닐까요? 필스버리와 누군가가 미리 의논했을 것 같은데요.

TAMURA _____ 펜스의 연설은 정말로 선전포고였어요. 기술 절도, 무역 불공정 문제와 '중국 제조 2025'와 관련된 지적재산권 문제, 일대일로 정책에 따른 군사기지화, IT를 이용한 시민 감시 시스템, 즉 오웰리언(Orwellian)⁴에 대해서도 비난했죠.

MIYAZAKI _____ 펜스는 위구르 문제도 언급했는데, 미국 정권이 정식으로 위구르의 인권 문제를 거론한 것은 처음 아닙니까? 펜스는 위구르족에 대한 탄압을 중지하라고 말했어요.

설상가상으로 미국 의회는 '티베트 상호 여행법'을 가결했죠. 미국인 외교관, 저널리스트, 공무원의 티베트 입경이 허가되지 않는 한 그와 관련된 책임이 있는 중국 관리들의 미국 입국을 허락하지 않는다는 것이 주된 내용입니다. 신장 위구르 자치구의 소수민족 탄압에 대한 항의와 연계돼요.

이 법은 미국 상·하원에서 모두 통과되었고, 2018년 12월 20일 트럼프 대통령이 서명함으로써 정식으로 성립되었습니다.

그 배경에는 티베트계 미국인 단체, 인도에 있는 달라이 라마 정부 등이 있는데, 그들은 미국 의회에 직접적으로 손을 썼어요. 중국의 로비 공작이 심했던 시절에는 위구르족에 대한 의원들의 이해가 부족했습니다. 이럴 때 하원에서는 짐 맥거번 의원

_____

4 조지 오웰의 소설 《1984》에 묘사된 전체주의·관리주의적 사회 상황을 가리킨다.

이 중심이 되어 초당파적으로 중국의 인권, 법치, 정치범 관련 모니터링 활동을 계속 펼쳤죠. 그런데 중국은 미국인 외교관, 공무원, 저널리스트 들의 티베트 여행을 허가하지 않았고, 또 일반 관광객도 단체에게만 비자를 내주었으며, 제한된 행동과 정해진 지역으로 그 범위를 엄격하게 규제했습니다.

또 티베트계 미국인의 귀향도 승인하지 않아서 가족과 오랫동안 연락할 수 없는 사람들이 세계 곳곳에 뿔뿔이 흩어져 있어요. 그들은 본국과 연락도 제대로 닿지 않는다고 합니다.

외교에서는 '쌍무주의(雙務主義)'가 원칙인 이상 미국인 외교관, 공무원, 저널리스트의 입국을 거부한 중국 관리 및 그 책임자에게는 미국 입국을 승인할 수 없다는 내용의 법률은 초당파적 지지를 받았습니다.

이렇게 미국의 대중 정책은 극적으로 변모하고 있어요. 중국을 옹호하려고 하면 비난을 받는 분위기가 워싱턴에 조성된 듯합니다. '중국인을 보면 스파이로 생각하라'는 식으로 최근 미국의 중국에 대한 자세가 변화하고 있는 겁니다. 미디어까지 트럼프보다 더 우파적인 자세를 취하고 있어요. 이렇듯 미국 내의 분위기가 전부 반중 태세인데, 이런 와중에 GAFA는 여전히 중국과의 비즈니스를 확장하려고 합니다.

구글은 정보를 검열하거나 차단할 수 있는 시스템을 검색 엔진에 포함시키라는 중국 정부의 요구 때문에 한 번 철수했었어요.

그런데 중국용 검색 엔진을 개발한다는 이야기가 계속 나왔죠. 미국 의회에서 문제 삼아서 일단은 다시 중단한 모양이지만 소문이 무성합니다.

중국의 검색엔진 바이두는 구글을 똑같이 흉내 내고 있어요. 구글의 분파인 거죠. 애플은 아직 중국에 딱 붙어 있는데, 대신 아이폰을 제조하는 폭스콘은 트럼프의 요청으로 미국에 공장을 만들었습니다. 그렇게 하면 애플에게 중국은 시장만 남을 뿐이에요. 페이스북 역시 친중적이에요.

TAMURA _____ 페이스북의 창업자 마크 저커버그의 금고지기로 불리는 디베시 마칸이라는 전 골드만삭스의 수완가가 있습니다. 마칸은 실리콘밸리에서 투자고문회사 아이코닉캐피털을 경영하며 저커버그와 그의 동료인 실리콘밸리 대부호들의 자산을 운영하고, 실리콘밸리의 하이테크 벤처에 투자해 거액의 수익을 올리고 있어요. 한 비즈니스 잡지에 그에 대한 소개 기사가 실린 적이 있습니다. 실리콘밸리에 정통한 미군 정보통의 말에 따르면 아이코닉캐피털에는 중국인민해방군의 자금을 대리 운영하는 법인이 투자하고 있다고 합니다. 아이코닉캐피털은 실리콘밸리의 신흥 벤처 기업가들이나 그들이 보유한 최첨단 기술을 한 손에 장악하고 있는데, 중국인민해방군은 투자를 통해서 손쉽게 실리콘밸리에 깊이 잠입할 수 있었던 겁니다. 신흥 벤처 기업을 찾으면 매수하는 경우도 있을 수 있죠. 미국국가안전보장국은 거기에도 신경을 곤두세우고 있지만, 대리 운영을 하는 경우에는 정체를 파악하기가 어려워요.

MIYAZAKI ———— 지금 미국안전보장회의에서는 이에 대해 철저히 조사하고 있는데, 미국 법률에 비춰 이적 행위라고 판단되면 페이스북은 미국 내에서 처벌을 받게 될 수도 있습니다.

좀 더 노골적으로 말하자면, 중국은 실리콘밸리의 우수한 엔지니어나 소프트웨어 프로그래머를 스카우트하려고 '지금 받는 보수보다 두 배, 세 배를 주겠다'며 돈으로 낚습니다. 중국계 미국인에게는 평균보다 세 배 정도 되는 급료를 제시해요.

그러나 미국 기업에서 미국의 노하우로 육성한 인재는 미국의 자산입니다. 미국 입장에서는 그 귀한 자산을 빼돌리는 것이 당연히 기분 나쁘지 않겠어요?

미국의 재무·국방을 위협하는 중국,
투자 중지로 응수하는 미국

TAMURA ────── 중국 등 외국 자본의 미국 기업에 대한 투자 여부는 CFIUS(Committee on Foreign Investment in the United States, 대미 외국인투자심의위원회)가 심사합니다. CFIUS는 재무부나 국방부 등이 관할하는 기관으로, 군사전용기술 유출 등 안전보장상 위협이 된다고 판단되면 대통령에게 투자 중지를 권고합니다. 트럼프 대통령은 2018년 3월, CFIUS의 권고에 따라 중국의 영향을 받는다고 판단되는 싱가포르의 통신용 반도체 기업 브로드컴의 미국 퀄컴 매수를 중지시켰습니다. 8월부터는 심사 대상을 기업 M&A에서 대폭 확장해 출자 또는 대리 법인을 내세운 간접적인 기업 매수 및 단순한 투자까지 엄격하게 심사하고 있습니다.

미국의 국방 예산은 매년 갱신되는 국방권한법을 근거로 결정되는데, 2019년도 국방권한법은 2018년 8월 13일 트럼프가 서명한 후 발효되었습니다. 그중에는 '특정 텔레커뮤니케이션 및 비디오 감시 서비스 또는 기기에 관한 금지'라는 항목이 있어요. 미국 정부기관의 특정 회사의 통신기기, 통신 감시 관련 기기, 서비스를 이용하는 기기, 시스템, 특정 회사의 서비스 구입 및 이용을 금지하거나 이를 이용하는 기업과의 계약, 거래를 금지한다는 내용입니다. 이 대상이 되는 기기, 서비스로는 화웨이와 ZTE가 지명되었습니다.

2018년 9월에는 미국이 중국인민해방군의 자산 운용과 관련해 제재를 가한 일이 있습니다. 중국 군부가 러시아에서 '수호이 30' 전투기를 구입했는데, 이것이 미국의 대러시아 제재 조치에 위배된다며 트집을 잡은 것입니다. 중국인민해방군의 자산을 운용하는 책임자가 미국 내에 들어오면 체포한다는 규정도 있습니다. 인민해방군 관계자는 달러로 절대 금융 거래를 하지 못하게 한 것입니다.

이는 꽤 중요한 조치입니다. 예의 북한과 무역이나 외환 거래를 해온 마카오의 BDA(Banco Delta Asia, 방코델타아시아)도 이 규정에 걸려 거래 중지를 당했습니다. BDA는 북한의 달러 위조 사건에 연루되거나 마약 거래를 통해 부정하게 얻은 자금을 세

탁하는 머니론더링(money laundering) 등의 의혹을 샀었죠. 그런데 중국이 미국의 대러시아 제재를 위반한 것이죠.

MIYAZAKI ——— 국방권한법은 통칭 '매케인법'이라고 하지 않나요? 존 매케인이 죽기 전에 이름을 붙였죠.

미국은 의심 가는 부분이 있으면 별건으로라도 체포를 합니다. 화웨이 창업자의 딸이자 부회장 겸 최고재무책임자인 멍완저우도 캐나다 당국에 의해 구속시켰어요. 그녀는 미국에 들어가면 위험해질 수 있다는 것을 알고 캐나다를 거쳐 중미로 환승하려고 했죠. 이란 제재 조치 위반에 대해 미국의 금융기관에 허위 보고를 했다는 것이 체포 이유인데, 이 일을 계기로 미·중 무역 전쟁이 본격적으로 시작되었다고 할 수 있습니다.

실제로 2018년에만 해도 미국에 체류 중이던 중국인 학자나 연구자 등 약 4,000명이 중국으로 되돌아갔어요. 그와 함께 미국 국무부는 중국을 여행하는 자국 국민들에게 '여행 주의'를 권고하고 있습니다.

TAMURA ——— 트럼프 정권은 반도체 기술에 초점을 맞춰 집중적으로 규제하고 있습니다. 최근에는 신흥 반도체 제조회사인 푸젠진화반도체를 노리고 있죠.

안전보장상의 이유로 중국 반도체 기업의 제품 판매를 전면 제한하기 때문에 제어장치나 그와 관련된 반도체 제조에 관한 기술이 더 이상 미국에서 중국으로 넘어가지 않게 되었죠. 이런 제재는 점점 더 심해질 겁니다.

여기에는 확실한 법적 근거도 있어요. 푸젠진화반도체의 경우에는 반도체 대기업인 마이크론테크놀로지의 특허권을 침해했다는 것이 그 이유입니다. 미국이라고 해서 안전보장을 들먹이며 함부로 제재하는 게 아니라 명확한 근거를 제시하고 있어요. 앞으로도 계속 조사해서 지적재산권을 침해한다는 판단이 서면 집중적으로 제재할 것입니다.

처음에 당한 것은 ZTE였습니다. 2018년 4월, 미국은 ZTE의 '수출 특권'을 박탈했죠. 이란이나 북한 등 제재 대상이 되는 나라에 미국 제품을 수출한 것이 원인이었습니다. 이 일로 ZTE는 미국 기업에 제품이나 서비스를 판매하지 못하게 되어 한때는 ZTE가 망할 뻔하기도 했습니다. 간신히 10억 달러(약 1조 1,800억 원)의 벌금과 미국이 선임하는 컴플라이언스(compliance)[5] 팀 설치 등을 조건으로 합의하여 제재가 풀렸죠. 하지만 이 일로 중국은 미국의 엄격한 제재를 몸소 경험했습니다.

---

5 법규 준수, 준법 감시, 내부 통제 등의 의미. 컴플라이언스 프로그램이란, 사업 추진 과정에서 기업이 자발적으로 관련 법규를 준수하도록 하기 위한 일련의 시스템을 말한다.

미국 눈 밖에 난 화웨이,
세계 시장에서 배제되나?

TAMURA ──── 미국 의회는 이미 10년 전부터 화웨이에 대해 문제를 제기했어요. 미국 하원정보특별위원회는 2012년에 화웨이 선전 본사를 찾아가 간부들과 인터뷰를 했는데, 주로 그 회사와 공산당·군·정부와의 결탁에 대해 질문했습니다. 이후 이 위원회는 화웨이가 인터뷰에 비협조적이었다며 의혹이 깊다는 식으로 보고서를 정리했고, 미국 정부는 통신장비 조달시장에서 화웨이를 쫓아내려고 움직였습니다.

그러나 영국 등 유럽에서는 여전히 화웨이 제품을 사용하고 있었어요. 그런데 영국의 비밀정보부 MI-6의 정보담당 부장관을 스카우트한 것을 계기로 최근에는 영국에서도 화웨이에 대해 엄격하게 검열하는 체제로 바뀌었습니다. 호주도 화웨이를 도입했지만 최근에는 다른 업체로 변경했습니다.

화웨이의 통신기기에는 스파이 칩과 비밀 정보유출 장치인 백도어를 심어 놓아서 정보가 전부 빠져나갈 우려가 있다고 합니다. 이런 종류의 우려는 상세히 밝히면 중국 측에 정보를 제공하는 꼴이 될 수 있기 때문에 어디까지나 '의혹'으로 그치고 확실한 증거는 공개하지 않습니다. 이에 대해 중국 측은 늘 의혹을 전면 부정하는 것으로 대응하고요. 그러나 미국은 상호 정보를 공유하는 영국, 캐나다, 호주, 뉴질랜드로 구성된 '다섯 개의 눈' 회원국들의 정보수집 기관에는 명확한 증거를 제시했을 겁니다.

MIYAZAKI _____ 호주는 파푸아뉴기니로 통하는 광섬유 케이블 공사에 중국 기업을 입찰시켰었죠.

TAMURA _____ 반도체 장비의 세계 시장점유율은 미국이 가장 높습니다. 핵심 기술을 보유한 제조사도 어플라이드 머티어리얼즈 등 미국 기업이 가장 많은 점유율을 차지하고 있고요.

푸젠진화반도체 등은 트럼프 정권이 반도체 메모리를 수출 규제 대상으로 삼자 어플라이드 머티어리얼즈나 램리서치(Lamresearch), KLA 텐코(KLA-Tencor) 등 미국 제조사에서 장치를 조달할 수 없게 되어 이러지도 저러지도 못하는 실정입니다. 일부는 일본 기업의 제품으로 대체할 수 있지만 전 공정을 일본제로 보완할 수는 없습니다. 그렇다고 중국 내에서 반도체 제품을 직접 생산하는 것도 쉬운 일이 아니에요.

MIYAZAKI _____ 완성품 반도체의 경우 중국이 빠져나갈 길을 찾는다면 아마 한국이 아닐까요? 다른 건 몰라도 한국 최대 기업인 삼성 등은 반도체 메모리 공급 능력을 충분히 갖추고 있으니까요. 하지만 한미안보조약 등 걸려 있는 사안이 많아 그 또한 쉽지 않을 듯합니다.

TAMURA _____ 한국의 삼성 등은 반도체 메모리 공급 능력을 충분히 갖추고 있지요. 삼성이 직접 나서지 않고 우회해서 중국으로 수출하는 방법도 있겠지만 FBI와 CIA가 추적 조사를 할 겁니다. 특히 CIA는 미국에서 출하되는 특별사양 반도체에 대해서는 정확한 수송 경로를 밝혀내고 있어서 제품이 제조사의 신고 경로에서 벗어나 이동할 경우 즉시 제조사로 경고 메시지가 들어옵니다.

MIYAZAKI _____ 일본의 경우, 대미 무역 마찰이 문제가 됐던 시절에 도시바는 잠수함 스크루 가공 기술이 대공산권 수출규제위원회 코콤 규제에 걸린다는 등의 이유로 배상을 하기도 했어요. 도시바뿐만 아니라 아무 관계 없는 마키타공업도 제재를 당하는 등 전혀 상관없는 분야로 불똥이 튀었습니다. 이번에도 그런 일이 일어날 수 있다는 말이군요. 특히 반도체나 통신기기와 관련된 기업들이 그 대상이 되겠네요.

TAMURA ———— 도시바기계 사건 때는 도시바 본체가 휘말렸었죠. 미국이 수출을 규제하고 있는 반도체 장치를 일본에서 중국에 공급하는 일이 생기면 트럼프 정권은 그 일본 기업뿐 아니라 모회사까지 모조리 미국 시장에서 내쫓을 수 있습니다.

중국은 미국의 허락 없이
기술 패권을 잡을 수 있을까?

TAMURA _____ 미국은 중국을 완전히 때려눕히려고 하지만, 사실 '무역 불균형' 문제를 피해갈 수는 없습니다. 그러나 화웨이의 통신기기를 동맹국에도 쓰지 못하게 하려는 미국 정부의 조치를 보면, 이는 단순히 경제의 문제가 아니라 '첨단 과학 기술을 어느 나라가 장악하는가' 하는 기술 패권의 문제라는 것을 알 수 있습니다.

MIYAZAKI _____ '중국 제조 2025'에서 거론한 AI 기술, 로봇, 항공우주, 신소재 등은 전부 우주항공 산업, 차세대 통신 산업 등에 응용되는 것들입니다. 따지고 보면 모두 군사 기술과 관계가 있는 것들이에요.

펜타곤은 중국의 군사적 위협에 관해 최근 10년 정도의 기록을 의무화하여 연례보고를 합니다. 이 보고에서 펜타곤은 중국이 엄청난 진전을 보이고 있다고 말하는데, 사실 이렇게 위기감을 부추기는 것이 펜타곤의 특징이기도 하다는 점에 주의해야 합니다. 예를 들어, 러시아와의 냉전시대에는 '러시아가 50노트 잠수함을 완성했다'거나 '검은 날개의 대형 수송기를 완성했다'는 등 아직 개발 중인 것까지 들먹이며 소란을 피웠어요. 그래서 최근 중국이 스텔스 전투기 젠-20을 실전 비치했다는 소식도 사실일까 의구심이 들기도 합니다. 항공모함을 운용하기 시작했다고 하는데, 최초의 항공모함 '랴오닝'은 아직 연습용 항공모함에 불과합니다. 발착함(發着艦) 사고가 여러 번 나서 꽤 많은 비행사들이 사망했어요. 별로 위협이 되지 않는 것입니다. 군사적으로 중국이 위협의 대상이 된다면 아마도 우주 분야일 겁니다. 독자적으로 개발한 위치측정 기술로 시스템을 구축했고, 또 킬러 위성을 보유하고 있기 때문이죠. 킬러 위성으로 우주공간에 있는 미국의 정보 시스템을 공격한다면 미군도 속이 좀 탈 겁니다. 미국은 그걸 가장 두려워하고 있어요. 그래서 트럼프도 우주군을 창설하겠다고 했죠. 한동안은 말뿐이라고 생각했는데, 펜스 부통령이 실제로 펜타곤에 가서 예산도 세우고 본격적으로 만들겠다고 연설하기도 했습니다. 그것도 당시 국방 장관이었던 매티스를 제쳐놓고 부통령이 직접 언급했죠. 우주군 창설이 어떻게 진행되고 있는지는 알 수 없지만, 미국은 뭔가 하나에 꽂히면 속도를 냅니다.

TAMURA _____ 중국이 킬러 위성 실험에 성공한 2007년부터 펜타곤에서는 문제가 되었습니다. 예를 들어, 반도체 분야에서 중국이 필요로 하는 반도체 수요량 중 10퍼센트는 중국산입니다. 중국의 자급률은 지금도 수요의 10퍼센트 정도에 지나지 않아요. 그런데 자급률이 높아지면 중국은 정말로 강해집니다. 반도체는 가장 상징적이죠. '중국 제조 2025' 계획 중 반도체를 50퍼센트 이상 국산화할 수 있게 되면 중국은 더 이상 미국을 두려워할 필요가 없게 됩니다.

MIYAZAKI _____ 현재 중국이 자급하는 반도체는 어느 정도 수준이죠? 자급률도 낮을 뿐 아니라 최고 수준의 반도체 생산은 무리잖아요? 그래서 대만의 반도체 회사 UMC나 대만에 있는 독일 기업 BASF 직원들을 돈으로 회유해 노하우를 손에 넣고 있는 거겠죠.

TAMURA _____ 맞습니다. 하지만 최근에는 중국의 메모리 제조 기술도 많이 향상되었어요. 그리고 미국 기술을 빼낼 수 있는 한 최대한 빼내려고 하고 있어요.

MIYAZAKI   역전을 다짐하며 일대일로 사업을 추진하고 있지만, 이것도 어떻게 될지 모르죠. 열심히 돈을 움직이는 것은 좋지만, 지금은 거의 부채가 되어 돌아오고 있어요. 뒤에서도 말하겠지만 일대일로 사업으로 인해 중국의 '채무의 덫'에 빠진 나라들도 많아요. 그러나 대부분의 프로젝트가 중단, 좌절돼서 중국 스스로 '채무의 덫'에 빠지기 시작했습니다. 즉, 중국은 전 세계에 유령도시와 불량 채권을 늘리고 있어요.

TAMURA   자국 내의 과잉 자본, 과잉 설비 문제를 해결하려면 대외적으로 팽창 정책을 쓸 수밖에 없을 테죠. 고전적으로 말하면 제국주의가 돼 가는 거죠. 레닌이 말한 제국주의 말입니다.

MIYAZAKI   그런데 레닌이 말한 제국주의에 '디지털'이라는 말이 붙으면서 더 까다로워졌어요. 중국은 디지털 제국주의를 표방하고 있는 것입니다.

CHINA
ECONOMIC COLLAPSE

—|—

2

중국 버블의 끝에
세계 경제의 운명이 달려 있다

중국 버블은
어떻게 팽창되어 왔나?

MIYAZAKI ——— 중국 버블은 규모가 얼마나 될까요? 전부터 이상했어요. 일단 GDP 통계는 30퍼센트 정도 늘려서 잡는다는 것은 아는 사람은 다 아는 상식이긴 하지만, 중국의 은행 불량 채권율이 1.4퍼센트라는 것은 믿을 수가 없어요. 그 열 배에 달한다고 해도 믿을 수 없을 텐데 말이죠.

국유 기업의 채무가 13조 8,700억 달러(약 1경 6,400조 원) 정도라고 하는데, 그것도 믿을 수 없습니다. 국유 은행의 불량 채권과 민간은행은 알 수가 없어요. 게다가 그림자금융(shadow banking system)과 국채, 채권 등 안전자산에 투자한 이재상품에 대한 외상도 있을 겁니다. 또 P2P(Peer to Peer, 인터넷상의 대차)가 있어요. P2P는 일찌감치 파탄이 나서 대강의 규모를 알고 있는데, 아마 2,750억 달러(약 326조 3,000억 원) 정도로, 지금은 미미할 겁니다.

주가는 상하이 종합지수가 조금씩 붕괴되고 있지만, 당국이 주식 공매를 규제하는 탓에 간신히 붕괴를 면하고 있죠.

가장 큰 것은 부동산 버블로, 주택 융자 채무가 43조 2,000억 달러(약 5경 1,270조 원) 정도라고 합니다. 또 하나, 중국은 최근 들어 분양한 아파트의 22퍼센트가 실제로는 빈집이라는 사실을 공식적으로 발표했습니다. 팔리지 않은 빈집인지, 팔렸지만 아직 입주를 안 한 건지 그 점은 명확하지 않습니다.

중국의 GDP는 13조 8,000억 달러(약 1경 6,300조 원)로 일본의 세 배라고 합니다. 그러나 13조 8,000억 달러라는 것은 말도 안 되는 소리입니다.

중국의 GDP는 정말로 엉터리예요. 그래서 리커창 총리는 독자적인 지수를 만들었습니다. 그는 전력 소비량과 은행 융자 잔고, 철도 수송력에 관한 세 가지 지표만 보면 된다고 했습니다. 그런데 전력 소비가 보합 상태에서 조금 하락하고 철도 수송량도 줄어들면서 이 지표도 쓰지 않게 되었습니다. 누군가는 우주 위성에 비친 밤의 전깃불을 빗대어 '전깃불이 켜졌으니 괜찮다'며 얼버무리기도 했었죠.

중국의 중앙 정부가 발표하는 국가 GDP와 지방 정부가 신고

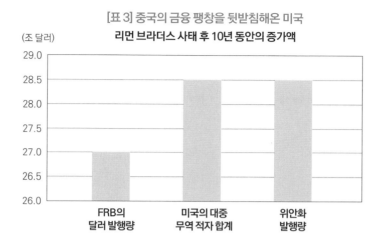

[표 3] 중국의 금융 팽창을 뒷받침해온 미국

리먼 브라더스 사태 후 10년 동안의 증가액

(조 달러)

하는 각지의 GDP 합계액이 매우 동떨어진다는 것은 이미 유명한 사실로, 2018년에는 지방 합계가 중앙 정부가 발표한 금액보다 4,780억 달러(약 567조 원)나 많았습니다. 그래서 중앙 정부가 지방 정부에 솔직하게 신고하라고 했더니 랴오닝성, 구이린성, 헤이룽장성이 30퍼센트를 낮춰서 신고했어요. 전국적으로 평균을 내보면 결국 GDP는 처음 집계한 13조 8,000억 달러에서 30퍼센트 에누리한 9조 6,600억 달러(약 1경 1,400조 원) 정도가 됩니다. 중국의 GDP는 그 정도가 타당할 듯합니다. 위의 [표 3]을 보면 중국 위안화 발행량은 대미 무역 흑자와 동등해서 양적완화를 실시한 미국의 중앙은행(FRB: Federal Reserve Board)에서 발행한 달러보다 양이 훨씬 많아요. 위안화 발행량은 28조 9,000억 달러(약 3경 4,300조 원)로, BIS(Bank for International Settlements, 국제결제은행) 데이터에 근거한 민간 채무 28조 7,000억 달러(약 3경 4,000조 원)와 거의 비슷하죠. 이 숫자를 어떻게 보면 좋을까요?

금융공황은
이미 시작되었다

TAMURA _____ 제 논리대로라면 중국은 대미 무역 흑자 등을 통해
외국에서 외화를 벌어 금융을 팽창시키는 방식의 비즈니스 모
델로 성장해왔습니다. 최근의 데이터를 살펴보면 미·중 무역
전쟁의 영향이 아직은 반영되지 않았어요. 하지만 그전부터 중
국의 경제 성장 속도가 주춤해졌고, 해외로의 자본 유출이 심해
졌어요. 위안화가 해외로 빠져나가고 있는 거죠. 그런 탓에 해
외로부터 빚은 늘고 외환보유고는 감소하면서 마이너스인 상
태입니다.

본원통화(monetary base, 중앙은행의 창구를 통해 발행한 돈)라고
해서 인민은행이 돈을 발행할 때 지금까지는 90퍼센트는 외화

가 뒷받침했습니다. 그러다가 2018년 10월 즈음에는 70퍼센트 정도로 떨어졌어요. 그 말은 위안화 발행량의 30퍼센트는 달러가 뒷받침해주지 않는다는 뜻이죠.

MIYAZAKI_____ 그렇게 되면 위안화의 가치가 대폭 떨어져야 하는데 실제로는 그렇게 되지 않았어요. 위안화 환율을 억지로 높게 유지하고 있기 때문이겠죠. 달러를 투입해서 위안화 하락을 막은 거예요.

TAMURA_____ 이는 미·중 무역 전쟁의 영향이 나타나기 전에 이미 그렇게 되었다는 뜻입니다. 트럼프의 고관세 정책으로 대미 무역 흑자가 급격하게 줄었다는 말은 전혀 사실이 아니에요. 그 전부터 이미 달러의 지원 없이 금융 완화를 해야 할 정도로 중국의 경제 성장 속도는 늦춰지고 있었어요. 그 영향은 앞으로 본격적으로 나타날 겁니다.

그런데 실제로는 완화가 아니라 긴축 정책을 쓰고 있어요. 인민은행의 이강 총재는 통화 정책이 너무 긴축 쪽으로 기울었다고 자기비판을 하기도 했죠. 무슨 일인가 싶어서 조사해보니 비은행권 얘기였더군요.

MIYAZAKI_____ 비은행권이라는 것은 지방의 자금조달 기관인 융자평대(融資平台)를 경유한 그림자금융에서 대출하는 경우를 말하는 거죠? 예전에 그림자금융의 총괄자는 대부분 공산당 당원이었는데, 100개사가 넘었던 융자평대는 이제 거의 파산하지 않았나요?

TAMURA _____ 뒤에 나오는 [표 4]를 보면 비은행권에서의 융자는 2016년 12월에 1조 5,800억 달러(약 1,870조 원)로 최고치를 경신했습니다. 2017년에는 1조 4,070억 달러(약 1,670조 원)였고, 2018년 말에는 3,678억 달러(약 436조 원) 정도였어요. 비은행권 융자액은 2016년 이후 2년 동안 약 1조 2,000억 달러(약 1,400조 원)나 감소한 거예요. 보통 금융에서는 신규 융자가 중요한데, 이 부분이 1조 2,000억 달러나 줄었다는 것은 대단한 긴축 정책을 폈기 때문이라고 해석할 수 있습니다.

MIYAZAKI _____ 리먼 브라더스 사태 직후 중국은 4조 위안(당시 환율로 약 800조 원)을 쏟아 부어 경기 부양책을 실시했고, 그 이듬해에는 그 두 배에 달하는 비용을 내놓았어요. 즉, 금융 완화로 내놓았던 자금을 그 무렵 모두 조였다는 뜻입니다.

TAMURA _____ 이미 금융공황은 시작되었어요. 그걸 트럼프가 시작한 미·중 무역 전쟁 탓으로 돌릴 수는 없습니다. 미·중 무역

[표 4] 중국의 은행 융자와 비은행권 융자 추이
(전년 대비 증감)

전쟁과 상관없이 중국 경제가 구조적으로 안고 있는 문제가 표면화되었고, 그 와중에 트럼프 정권의 대중 제재 관세의 중압감이 중국의 산업계를 덮쳐누른 것입니다.

또한 중국의 외환보유량은 늘지 않고 줄기만 합니다. 인민은행은 일반적으로 본원통화의 90퍼센트에 달하는 외화 자산을 보유하고 있는데, 그 비율을 점점 줄여서 돈을 찍어내고 있습니다. 중국 정부는 이미 이 과정에서 무리수를 뒀던 거예요.

[표 5]를 보면 외환보유고가 감소하는 것과 동시에 위안화 시세가 하락하는 것을 알 수 있습니다. 이는 필연적인 결과이기도 해요. 즉 달러와 확실히 연결시켜 고정시키면 달러가 일정하게

[표 5] 중국의 자본 유출과 위안화 시세

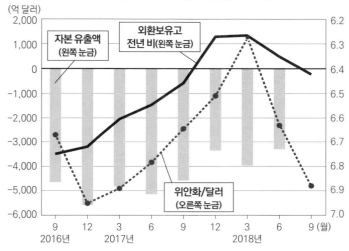

들어옵니다. 그러나 달러가 들어오지 않았는데 위안화를 발행하기 때문에 달러에 비해 위안화가 초과되는 것입니다.

그 초과되는 위안화는 외화로 바꿔 밖으로 내보내야 합니다. 바꿔 말하자면, 고이 아껴놓았던 외화를 야금야금 없애 해외로 유출되는 돈이 많다는 뜻입니다. 그렇게 되면 중국 내의 금융 상황이 어려워집니다. 거액의 위안화 자금을 확보하려면 외화 표시 부채를 얻어 그 외화를 위안화로 바꾸는 수밖에 없거든요. 그런데 그게 가능한 곳은 비교적 신용도가 높고 당 관료가 관리하는 대형 국유 기업으로 한정됩니다. 대부분의 중소 영세 민영 기업은 이재상품을 발행하거나 비금융권에서 융자를 받는 수밖에 없습니다.

중국에서의 대외 채무[1]는 기업이 외화표시채권을 발행하거나 외국 금융기관에서 융자를 받는 식으로 발생합니다. 이렇게 조달된 외화는 상업은행을 거쳐 최종적으로는 인민은행으로 들어가 외환보유고로 비축되게 됩니다. 경제가 평온무사하게 성장할 때, 또는 부동산 시세가 상승 국면에 있을 때는 외화 채무 변제에 지장을 주지 않고, 위안화의 달러에 대한 시세도 당국의 기준 시세로 안정을 유지합니다. 그래서 위안화로 바꿔놓은 채무에 대한 부담이 늘어나지 않아요. 하지만 경기 부진과 자본도피, 위안화 시세 하락과 함께 그 균형이 전부 무너지고 말았습니다.

균형이 무너지자 중국은 필사적으로 외부로부터 자금이 들어오기를 바라게 되었어요. 특히 마이너스 금리인 일본의 자금을 말이죠.

MIYAZAKI _____ 표면으로 드러난 움직임 중에 재미있는 일이 있었어요. 베네수엘라는 그동안 중국으로부터 여러 차례 차관을 제공받은 일이 있는데, 2018년 9월경인가에는 대통령이 직접 베이징으로 날아와서 '긴급사태다. 50억 달러(약 5조 9,000억 원)

---

1 한 나라의 정부나 민간 기업이 외국의 정부나 금융기관에 지는 채무

를 융자해 달라'고 호소한 일이 있었어요. 그에 대해 리커창 총리는 '최대한 할 수 있는 일은 하겠다'고 했지만 그 후 움직이는 기색이 없어요.

파키스탄의 임란 칸 총리도 중국에 20억 달러(약 2조 4,000억 원)의 차관을 요청했는데, 그중 10억 달러를 송금했다고 해요. 파키스탄의 경우는 사우디아라비아에서 50억 달러, 뒤이어 아랍에미리트에서도 30억 달러를 융자했어요. 하지만 파키스탄이 망하는 것은 시간문제입니다. 파키스탄이 가지고 있는 부채는 620억 달러(약 73조 원)에 달하는데 외환보유고는 80억 달러(약 9조 5,000억 원)도 안 되고 머지않아 90억 달러의 차관을 상환해야 합니다.

중국의 GDP가 언제쯤 미국을 앞지를까요? 사실 현재로써는 꿈같은 이야기입니다. 2035년에는 중국의 GDP가 미국을 추월할 거라고 그럴싸하게 말했었는데, 사실은 이제는 요원한 일이 됐다고 단정해도 될 듯합니다. 거의 불가능하죠.

TAMURA _____ 지금까지의 중국 경제 팽창 모델은 이미 실패했어요. 그 말은 글로벌리즘에 편승했던 중국과 미국의 성장 구도가 무너졌다는 뜻입니다. 트럼프가 단행한 무역 제재의 영향이 나타나기 전부터 주저앉기 시작했어요.

문제는 위안화가 국제통화로 통용되느냐의 여부입니다. 시진평의 야심대로 중국은 위안화 경제권을 만들 수 있을까요? 중국은 동남아시아의 여러 나라와 중국의 국경 주변에 중국인 전용 카지노 특구를 만들어 그 내부에서 위안화를 유통시키고 있는데, 이런 편향적인 조차지(租借地)[2] 방식 외에는 아직 전혀 그 경지에 이르지 못했습니다. 기본적으로 금융시장의 자유화와 환율 변동 시장제로 이행하지 않은 화폐가 국제통화로 쓰일 리 없기 때문입니다.

금화, 은화 같은 주화를 가리키는 '경화(硬貨, hard currency)'라고 하는 화폐가 있는데, 경화의 조건은 '주요한 통화와 쉽게 교환할 수 있는가'예요. 위안화는 경화가 아닙니다. 위안화를 외국으로 가지고 나가는 것은 금지되어 있지만 중국인 중에는 위안화를 몰래 홍콩이나 일본으로 들고 나가는 사람도 있어요. 그러나 출국 시 걸리면 몰수당하거나 엄벌에 처해질 위험이 있고, 물리적으로도 한계가 있죠.

위안화는 IMF(국제통화기금)의 SDR(특별인출권)이라는 통화바스켓에는 포함되었지만 실제로 결제 통화로는 거의 쓰이지 않아요. 홍콩 등에서 암거래 정도는 할 수 있을지 모르지만 국제 시장에서 위안화는 통용되지 않습니다.

그런데 주의해야 할 점은 앞으로 일대일로 사업과 관련해 위안

---

2 한 나라가 다른 나라로부터 빌려 통치하는 땅

화가 쓰일 가능성이 있어요. 중국의 제국주의가 통할 때 말이죠. 시진핑은 중국의 영향을 받는 지역을 넓혀서 그곳에서 위안화를 사용해 중국 기업이 돈을 버는 시스템을 만들려 하고 있어요. 예를 들면, 파키스탄이나 스리랑카에 돈을 빌려주면서 외화로 갚으라고 요구하는데, 그 돈을 갚지 못하면 인프라와 토지를 빼앗아요. 중국으로 치면 달러 표시로 수출하는 것과 같습니다. 지금의 일대일로 사업 방식은 외화를 거둬들이는 수단이기도 해요.

중국의 국유 기업이 프로젝트를 독점으로 주문받고 주요 기자재도 중국에서 가져오고 중국인 노동자들을 데려다가 써요. 그리고 건설 기자재 대금과 직원들 급여도 다 위안화로 지불하고, 투자 융자와 관련된 자금 결제는 중국 기업과 중국 은행이 해결합니다. 그런데 프로젝트를 주문받은 쪽의 채무는 달러 표시로 해서 현지 정부가 짊어지게 돼요. 그리고 그 채무를 갚지 못하면 중국이 인프라나 토지로 회수하는 거예요. 미국의 펜스 부통령은 이를 두고 '채무의 덫'이라고 표현하며 비판했어요.

MIYAZAKI _____ 두 가지 사례를 들 수 있는데요, 하나는 사이판에 진출한 중국 기업이 낡은 호텔을 사들여 신축 공사를 했습니다. 물론 노동자는 중국에서 데려갔고, 실컷 부려 먹은 후에는 임금을 지불하지 않았죠. 실제로는 약속한 돈보다 적게 줬다고 하는

데, 노동자들이 파업을 했어요. 그런데 파업을 벌였던 노동자들 대부분이 쥐도 새도 모르게 종적을 감췄고 두 사람만 남았어요. 사이판은 미국령이라서 이 두 사람은 미국 법원을 통해 소송을 걸었어요. 미국의 최저임금법에 위반된다며 지금 재판을 진행 중이죠. 물론 호텔 공사는 중단됐고요.

또 하나는 중국과 인접한 라오스 국경 근처에 중국인이 아파트를 짓고 있습니다. 그 아파트는 위안화 결제 조건으로 판매되고 있는데, 이곳을 그 중국인은 '국내'로 취급하고 있어요. 즉 라오스 안에 중국이 있는 겁니다.

TAMURA _____ 그런 곳에서 사용된 위안화는 현지로 진출한 중국 공상은행이나 중국은행으로 입금되고, 중국은 그런 식으로 위안화를 회수해요. 위안화가 외부에서 유통되지 않게 하기 위한 조치죠.

중국은 중국 국외에서 위안화 외환 시장이 성립하는 것을 싫어합니다. 해외 외환 시장에서 자유롭게 환율이 정해지면 터무니없는 일이 일어나기 때문이에요. 그래서 정치력을 동원해 위안화를 중국의 국유 은행으로 되돌아오도록 하는 겁니다.

MIYAZAKI _____ '국제금융의 트릴레마(trilemma, 삼중고)'라는 것이 있는데, 자유로운 자본 거래와 고정환율제, 통화 정책의 독립,

이 세 가지는 동시에 성립하지 않는다는 이론이죠. 하지만 정부가 위안화를 엄중하게 관리하는 중국의 경우 외환은 고정되어 있고 자본 거래를 자유롭게 하면 금융 정책에 위배되는 구조로 이루어져 있어요. 예를 들어, 금융 완화를 하고 싶어도 그렇게 되지 않는, 이른바 '달러의 족쇄'에 걸린 겁니다.

TAMURA ——— 그럼에도 불구하고 중국은 억지로 위안화 시세를 관리하고 있어요. 돈도 자유롭게 찍을 수 있고요. 그건 중국만 그런 건 아닙니다. 어느 나라든 얼마든지 화폐를 발행해도 됩니다. 다만, 그 통화가치를 유지할 수 있느냐가 문제인 거죠.

그래서 중국은 자본 규제를 함으로써 어떻게든 자본 유출을 막을 수밖에 없어요. 자본 규제를 확실히 한다는 것은 금융도 자유롭지 못하다는 뜻입니다. 금리를 조정하기가 어려워져요. 그런 게 바로 삼중고인데, 중국의 경우에는 공산당의 강력한 권력을 이용해 시세를 억지로 고정해서 위안화를 발행합니다.

그런데 이런 와중에도 당국의 통제, 감시망을 요리조리 빠져나가 거액의 자본도피가 이뤄지고 있어요. 국제금융센터인 홍콩은 그 중계지이지만 베이징은 홍콩을 쓰러뜨릴 수 없습니다. 시진핑 일족을 포함해 당 간부들은 홍콩을 이용하는 최대 수익자들이기 때문이죠.

중국 버블은 과연
어디까지 부풀어 오를까?

TAMURA _____ 중국 경제는 중국 내에서 돈이 움직이지 않을 때 붕괴될 것입니다. 부채 규모는 확실히 커서 기업과 가계의 채무 합계가 GDP 대비 2.5배가 넘었어요. 그렇다고 해서 반드시 중국 경제가 붕괴된다고 할 수는 없어요. 돈이 움직이지 않는 계기는 자산 버블 붕괴가 금융기관의 경영 파탄으로 이어질 때 생깁니다.

자산 가격이 폭락하면 은행이 불량 채권을 끌어안게 됩니다. 불량 채권이 쌓여서 신용 불안이 발생하여 돈이 움직이지 않게 되는데, 이를 소위 '일본형 버블 붕괴'라고 합니다. 리먼 브라더스 사태가 발생했던 미국도 한때는 그랬어요. 그때 미국 중앙은행

이 세 번에 걸친 양적완화 정책을 펴서 계속 달러를 찍어냈잖아
요. 그래서 불량 채권을 수매해 도산을 피할 수 있었습니다.

중국의 경우 가장 큰 문제는 '버블 자체가 어디까지 부풀어 오
를까', 즉 '그 규모가 어느 정도까지일까'에 있습니다. 지금까지
는 부동산 가격이 떨어지면 중국의 금융 당국이 개입해 부동산
에 돈이 돌아가게 해왔어요. 그래서 일반적으로는 붕괴되어야
하는 국면에서도 결국 부동산 가격을 다시 회복시키기를 반복
해왔죠. 이번에도 그렇게 하고 있기는 하지만 이게 정말 성공할
지는 상당히 의문스럽습니다.

MIYAZAKI ⎯⎯⎯ 은행의 불량 채권이 갑자기 문제를 일으키는 것은
아니에요. 불량 채권이 쌓여가는 데는 어느 정도의 시간이 걸리
니까요.

TAMURA ⎯⎯⎯ 일본의 경우에도 불량 채권이 이렇게나 많다는 걸
알고 금융시장이 흔들리기 시작한 것은 1990년대 중반, 주택
금융전문회사 문제가 불거지면서부터입니다. 실제로 홋카이
도척식은행이나 야마이치증권이 파산하고 주가가 폭락한 것
은 그로부터 7년 후인 1997년이에요.

그렇게 된 이유는 무엇이었을까요? 먼저 불량 채권이 끝까지
모습을 드러내지 않았고, 또 일본 장기신용은행이 가장 좋은 사

레인데, 해외시장에서 달러 자금을 얻지 못했기 때문입니다. 할 증료를 지불한다 해도 달러를 얻을 수 없었어요. 그 결과 홋카이도척식은행과 일본 채권신용은행, 일본 장기신용은행, 야마이치증권이 파산한 겁니다.

MIYAZAKI _____ 맞습니다. 그리고 그때 은행권이 대대적으로 재편되었죠.

TAMURA _____ 이렇듯 버블이 붕괴되면 반드시 은행의 신용이 흔들리게 돼요. 처음에는 자산 가격이 떨어지고 그 후에는 불량 채권을 다 처리하지 못해 은행이 파산하게 됩니다. 그 사이에는 시차가 있어요. 일본에서도 실제로 은행과 증권회사는 1997년에 파산했어요.

하지만 중국의 경우에는 리먼 브라더스 사태로부터 10년이 지난 지금도 여전히 건재합니다. 중국은행을 비롯해 중국건설은행, 중국공상은행도 자산 총액이 세계에서 다섯 손가락 안에 드는 국제적인 메가 뱅크가 되었습니다.

MIYAZAKI _____ 중국도 노력을 하지 않는 것은 아니에요. 국유 은행의 불량 채권을 늘리지 않으려고 대출해준 것을 이번에는 주식으로 전환시키고 있습니다. 사실 이는 금지 규정일 텐데, 이렇

게 주식으로 전환시켜 은행 자산으로 거둬들이기 때문에 아무
리 시간이 흘러도 불량 채권이 늘어나지 않는 겁니다.

비은행권의 융자 축소와
세계 신용공황

TAMURA _____ 앞에서 말했듯이 비은행권의 신규 융자액은 급격하게 감소했습니다. 일반 은행의 융자액은 완만하게 증가하고 있고요.

은행이 국유 기업에는 돈을 빌려주지만 민간 중소기업에는 빌려주지 않아요. 때문에 현재 민간 중소기업들은 연쇄적으로 채무불이행과 파산 등 혼란을 겪고 있어요.

지방 정부의 경우 그동안 융자평대에서 자금을 조달해왔는데, 그게 어렵게 되자 채무를 증권화하고 변제를 유예하면서 얼버무리려 하고 있어요. 금융시장이 원활하지 않다는 것은 기본적으로 외화가 들어오지 않는다는 걸 의미합니다. 인민은행이 본원통화를 늘리려 해도 한계가 있어서 금융을 긴축시켜야 하기 때문입니다.

외화 자산의 제약을 받으며 인민은행이 양적 확대를 하려면 국채와 증권화한 지방 정부 및 기업의 채무를 사들일 수밖에 없는데, 후자는 인민은행에게는 금지 규정에 가까워요. 징세권을 뒷받침하는 국채는 우량 자산으로 볼 수 있다고 해도 중국 정부는 적자국채[3] 발행에는 신중합니다. 장제스와 쑹쯔원이 이끈 국민당 정권 시절, 적자국채에 따라붙는 통화를 남발한 결과 악성 인플레이션을 일으켰던 것을 봐왔기 때문입니다.

한편 부동산 시세에 의존하는 지방 정부와 기업이 매수한 부채는 중앙은행에 의해 인수됩니다. 일이 그 지경에 이르면 위안화에 대한 중국 국민들의 신용이 하락하고, 자본도피와 위안화 폭락이 동시에 발생해 악성 인플레이션이 될 것입니다. 장제스의 국민당 정권이 붕괴했던 것과 같은 길을 걷게 되는 거예요. 마오쩌둥은 그런 장제스의 자멸을 틈타 중국 대륙을 손에 넣었었죠. 당시 공산당에는 부패한 국민당을 포기하고 공산당이 지배하는 해방구에 몸을 의탁한 은행가와 지식인이 많아서 재정 및 통화 법률을 중시한 모양이에요. 공산당 관료들은 그런 인식을 물려받았고요. 그래서 어떻게든 장제스의 전철만은 밟지 않으

---

3 국가의 일반 회계 예산의 세입 부족을 보충하기 위하여 발행하는 국채

려고 하는 것입니다.

실제로 본원통화 발행액은 [표 6]에 나와 있듯이 지금은 늘지 않고 있어요. 중국 정부는 금융 정책을 완화하고 싶지만 실제로는 외화가 들어오지 않아 긴축 상태가 되고 말았죠.

MIYAZAKI ───── 융자평대의 돈이 마르자 지방 정부는 공채 등을 발행해 자금을 조달하려고 하지만 빚더미의 지방 정부 공채는 아무도 인수하려 하지 않아요. 그렇게 되면 역시 이재상품으로 금리를 높게 매겨서 돌린다는 이야기가 되죠.

TAMURA ───── 문어가 제 다리를 잡아먹는 거나 마찬가지네요.

MIYAZAKI ───── 지방 정부가 지나치게 많은 채무를 지게 된 원인을 추적해보면 리먼 브라더스 사태 직후 경기 부양을 위해 4조 위안(약 675조 원)을 쏟아 부었던 일로 거슬러 올라갑니다. 사실 그 4조 위안은 중앙 정부가 직접 낸 게 아니라 주로 지방 정부에서 끌어모은 것인데, 그 빚이 이제 돌아오고 있다고 보면 됩니다.

중앙에서 명령을 받은 지방 정부는 정규 세수 외에 다양한 비정규 경로를 통해 자금을 끌어모았습니다. 은행에서 융자를 받는 데는 한도가 있어요. 그래서 융자평대라고 하는 대리 회사를 이용해서 지역 개발 자금을 조달하는 구조를 활용했던 겁니다.

[표 6] 중국 인민은행의 자금 발행 잔고와 외화 자산

━ 본원통화(조 위안) 왼쪽 눈금   ━ 외화 자산의 본원통화 비율(%) 오른쪽 눈금

그런데 그렇게 조달한 자금을 어디에 썼냐 하면, '구이청(鬼城)'
이라고 하는 유령도시를 대량 건설하는 데 썼어요. 실제 주택
수요와는 상관없는 쓸모없는 건물만 지어낸 거예요.

지방 정부가 멋대로 도시계획을 세워서 공업단지, 대학교, 병
원, 어린이집, 아파트 단지 등 온갖 도시 인프라를 조성했지만
아무도 이용하는 사람이 없어요. 대학에는 학생은커녕 선생도
안 오고, 아파트에는 아무도 살지 않아요. 완전 '그림의 떡'이
죠. 저는 중국 주장이라는 곳에서 주최한 공산당관리위원회 모
임에 참석한 적이 있는데, 대외PR주임이라는 사람이 모임에 참
석했더군요. 그런데 대외PR주임이라는 사람이 영어를 못해요.

이상한 얘기죠.

제가 통역을 거쳐 "자금이 부족하면 어떻게 할 건가요?"라고 물었더니 "간단해요. 토지를 또 팔면 됩니다"라고 하더군요. 이게 현재 중국의 현실입니다.

TAMURA　　　 지방 정부는 그 도시에서 사용할 공유지를 건설한다는 명분으로 농민들에게서 토지를 빼앗아 개발업자들에게 넘겼어요. 중국에서는 토지소유권은 안 주고 사용권만 주는데, 지방 정부가 토지사용권을 개인에게 팔아넘겨 재정 자금을 만드는 방법을 취해왔던 겁니다.

이렇게 확보한 재정 자금을 지방 정부는 유령도시를 만드는 데 써버리고는 그 다음에는 IT 센터를 만드는 데 덤벼들고 있습니다. 어딜 가나 지금은 IT 센터가 뜬다는 소리를 해요. 그 결과 사방팔방에 IT 실험 센터가 들어서기 시작했어요. 이는 미국이 중국에 무역 제재를 가하자 그에 대한 궁여지책이 아닐까요?

MIYAZAKI　　　 그런데 지방 정부가 IT 센터나 하이테크 단지를 만들려면 융자평대를 이용할 수밖에 없어요. 믿고 의지하는 융자평대의 돈을 착취한다는 것은 지방 정부에게는 매우 힘든 일이겠죠. 그리고 자금이 1조 1,000억 달러(약 1,312조 원)나 감소했다는 게 사실이라면 IT 센터 따위를 만들 수 없을 거예요. 그렇다면 지방 정부와 중소기업의 지나친 채무 문제가 나타날 가능성이 높아질 것입니다.

법과 정책을 변경시켜서 초과 이익을 얻으려고 하는 활동을 '지대추구(rent seeking)'라고 하는데, 중국은 그것을 이상한 규모로 하고 있어요. 그 대표적인 사례가 베이징의 부도심으로 지목된 슝안신구 개발 계획이에요. 시진핑은 허베이성 오지에 100만 명이 거주할 수 있는 신도시를 조성 중인데, 이곳도 결국 유령도시가 될 듯합니다.

TAMURA _____ 그 개발 자금은 어디에서 올까요? 자금을 창출할 수 있는 것은 본원통화로, 인민은행의 부채입니다. 지금은 본원통화를 그다지 늘리지 못하게 되었어요. 달러가 들어오지 않기도 하거니와 자본 유출이 주요 원인입니다. 이는 트럼프의 대중 경제 제재의 일환인데, 대미 무역 흑자가 감소하면 버블의 소재가 사라지고 말 거예요. 그렇게 되면 중국은 어떻게 할까요?

MIYAZAKI _____ 정말로 의문입니다.

중국의 군사기지로
전락하는 나라들

TAMURA   그래서 시진핑 정권이 내세운 것이 바로 일대일로 개발 사업입니다. 시진핑은 이 일대일로라는 중화경제권 확장 모델로 성공할 생각인 거죠. 일대일로 사업은 일석삼조(一石三鳥)로 중국 경제를 활성화시키는 데 일조하고 있을 겁니다.

먼저 수출입니다. 국유 기업이 효율을 생각하지 않고 초과 생산한 상품을 수출하는 거예요. 그러면 상품 값으로 외화가 들어오죠. 그리고 중국 노동자들에게 일거리를 줄 수 있어요. 중국이 발행하는 위안화 금융으로 사업을 할 수 있고요. 상대방을 정치적으로 구속해서 군사시설을 만들고 이용할 수도 있어요. 일석삼조가 아니라 일석사조, 일석오조가 되겠네요. 그러니 미국의 트럼프 정권이 일대일로 개발 사업을 엄격하게 대하는 것은 당연합니다.

특히 펜스 부통령이 강경한 발언을 반복해서 하고 있어요. 아마여기에는 중국의 군사력 증강에 대한 미군이나 펜타곤의 경계심이 반영되어 있을 겁니다. 미국 의회도 당파를 떠나 민주당까지도 모두가 경계하고 있어요. 중국의 일대일로 프로젝트 자금이 지부티 등에 군사기지를 건설하는 데 쓰였다는 증거가 포착되었기 때문입니다. 중국이 안전보장과 관련해서 돈을 투자하는 것은 명백합니다.

MIYAZAKI ———— 미국이 인도-태평양 지역을 중심으로 인프라 정비를 하겠다고 하는 것은 중국의 이런 일대일로 개발 사업에 대항하기 위해서입니다.

미국은 600억 달러(약 71조 2,500억 원)를 투자해 인도-태평양 지역에 공공 차원의 인프라를 정비하기로 했어요. 그런데 의회에서 예산을 통과시키기도 전에 윤곽이 드러나면서 인도와 일본, 호주, 뉴질랜드가 공동으로 참여하기로 했어요. 이 프로젝트에서는 특히 남태평양에도 집중하겠다고 합니다.

중국은 아프리카에도 과감하게 투자하고 있어요. 마다가스카르에 14미터나 되는 현대 어선 330척을 들고 갔고, 또 인도양한가운데 있는 디에고가르시아를 거쳐 몰디브, 스리랑카를 연결해 갈 것입니다. 디에고가르시아는 영국 영토로, 미국은 영국과 장기적으로 협정을 맺고 이곳에 해군기지를 두고 있어요.

중국은 동아프리카 지부티에 이미 영구적인 군사기지를 건설했어요. 파키스탄의 과다르에도 근대적인 항만을 건설했는데, 그곳에서는 디에고가르시아에 접근하기가 쉬워 미국군에게는 상당히 위협적일 것입니다.

아무튼 일대일로 개발 사업은 안전보장 면에서도 문제가 많습니다. 그래서 2018년 2월, 시진핑은 갑자기 'BRI'라고 프로젝트 이름을 바꿨습니다. 그때까지 이 프로젝트는 영어로 'OBOR(One Belt, One Road)'로 불렸는데, 'BRI(The Belt and Road Initiative)'로 바꾼 겁니다. '모든 길은 로마로 통한다'라는 말처럼 '모든 길은 베이징으로 통한다'는 뜻입니다. 'One Road'는 패권주의적이고 나쁜 인상을 주는 것 같아 이름을 바꾼 거예요.

최근 중국은 UN을 비롯해 모든 국제기구에 대표를 보내 국제 여론이 어떻게 움직이는지 직접 살피고 있어요. 그 과정에서 특히 미국이 경계를 강화하는 것을 느꼈기 때문에 이름까지 바꾼 게 아닐까요?

중국에서의 자본 유출은
의도일까, 필연일까?

TAMURA 일대일로 사업에 대항해 미국이 인도-태평양 지역의 인프라 정비를 시작한다는 말인데, 트럼프에게는 무엇보다 무역 적자 2,000억 달러(약 237조 6,000억 원)를 삭감하는 것이 최우선 과제입니다. 이는 선거 공약이기도 했기 때문에 어떻게 든 해결해야 합니다. 재선과도 관계가 있기 때문이죠. 멀베이니 비서실장 대행은 과거에 "대통령의 임기 중 앞으로 2년은 현재 상태가 반드시 지속될 것"이라고 말한 바 있어요. 다음 대통령 선거까지는 시간이 얼마 남지 않았는데, 끝까지 강경 자세를 바꾸지 않겠다는 뜻이죠.

MIYAZAKI _____ 정세에 따라 트럼프는 더욱 강경한 자세를 취하는데, 만약 재선에 성공하면 그때부터가 진짜겠네요. 하지만 사실은 대중 무역 적자를 줄여도 미국의 적자가 감소하는 것은 아닙니다. 무역 수지 구조가 달라지지 않으면 다른 나라에서의 적자가 늘어날 뿐이에요.

TAMURA _____ 거시경제학에는 'IS(Investment-Saving, 저축-투자) 균형'이라는 이론이 있는데, 이 이론에 의하면 미국의 투자가 저축보다 적을 경우에는 대외 무역 적자가 끊이지 않게 됩니다. 즉, 중국에서의 무역 적자가 줄어들어도 그 적자만큼 어딘가 다른 나라와의 무역 적자와 같아져서 미국의 전체 적자 규모는 변함이 없어요.

그러나 두 나라 사이에서는 관세 인상뿐 아니라 환율 변경도 할 수 있습니다. '플라자 합의'를 예로 들 수 있습니다. 1985년 프랑스, 독일, 일본, 미국, 영국으로 이뤄진 G5 국가의 재무부 장관과 중앙은행 총재가 미국 뉴욕의 플라자호텔에 모여 미국의 무역수지 개선을 위해 환율 조정 등을 하기로 한 것입니다. 이 자리에서는 특히 대미 흑자를 지나치게 많이 올린 일본과 독일의 통화를 평가절상하기로 합의했습니다.

사실 당시 레이건 대통령은 높은 관세와 보조금을 통한 보호무역 조치를 싫어했어요. 그래서 재무 장관이었던 제임스 베이커가 중간에서 난처해졌죠.

실리콘밸리에서는 인텔 등 하이테크 분야의 기업이 일본 때문에 망할 거라며 비명을 질렀어요. 하이테크 분야에서 미국은 매우 난감한 상태였습니다. 일본 반도체 메모리의 공세로 텍사스 인스트루먼트나 페어차일드 등 세계적인 기업이 망할 뻔했거든요. 미국은 CIA를 동원해 일본 반도체 기업에 덤핑 거래 혐의를 씌워 공격했죠. 지금 트럼프가 화웨이나 ZTE를 공격하는 것과 비슷했습니다.

하지만 트럼프와 달리 레이건 대통령은 자율 규제와 보호 조치, 수입 제한 등의 조치를 싫어했어요. 또 레이건 대통령은 업계에 정부보조금을 주는 것도 싫어했습니다. 그때 인텔, 휴렛팩커드 등 실리콘밸리의 대기업들은 일본에 대항하기 위해 정부에 연구개발 보조금을 요구했지만 레이건 대통령은 완강하게 거부했어요. 그는 자신의 철학을 바탕으로 보호 조치를 부정했습니다. 대통령이 승인하지 않자 그 사이에 끼어 있던 베이커가 깊이 생각한 끝에 플라자 합의에 들고 갔죠.

베이커는 왜 그렇게까지 생각했을까요? 그는 텍사스 출신으로, 2018년 고인이 된 조지 부시 전 대통령의 동지입니다. 그의 가장 큰 목적은 당시 부통령이었던 부시를 다음 선거에서 대통령으로 당선시키는 것이었죠. 그러기 위해서는 미국의 산업 경쟁력을 다시 키웠다는 공적이 필요했어요. 그래서 플라자 합의를 통해 일본의 엔화와 독일의 마르크화를 억제하고 강력한 미국을 회복시켜서 부시 정권에 물려주고 싶었던 겁니다.

플라자 합의 이후에도 베이커 재무 장관은 "아직 엔고(円高)다", "경기 후퇴를 피하기 위해서는 달러화가 더욱 하락하는 것도 어쩔 수 없다"라는 등의 발언을 하며 달러 하락을 부추겼습니다. 일본에 환율 안정을 위한 희생을 강요한 것이었죠. 하지만 저(低)달러는 미국 경제를 인플레이션으로 몰고 갈 우려가 있습니다. 인플레이션을 억제하려면 금리를 인상해야 하는데, 베이커 장관은 경기를 냉각시키고 싶지 않았고 저달러 상태를 유지하며 금리를 인하하고 싶어 했어요. 그래서 당시 미국 중앙은행 의장이었던 폴 볼커를 부추겨 미국과 일본이 협조해 금리 인하를 실행케 했죠.

그래도 1987년 2월에는 프랑스 파리의 루브르궁에서 엔화와 마르크화에 대한 달러 하락을 막기 위한 외환 협조에 합의(루브르 합의)했는데, 저달러는 멈추지 않고 달러 금리가 상승해서 뉴욕 시장이 불안정해졌어요. 그런 나머지 10월에는 주가가 대폭락합니다. 사상 최대의 폭락으로, 이것이 이른바 '블랙 먼데이'입니다.

일본은행은 금리 인상의 기회를 엿보고 있었지만 시장의 파란을 피하기 위해 금리 인상을 단념할 수밖에 없었고, 초저금리를 계속 유지해야 했죠. 당시 일본은 서독과 함께 '세계 경제의 기관차'라고 일컬어졌는데, 독일은 미국과의 협조를 거부했습니다. 일본만 대미 협조를 최우선시하던 나카소네 야스히로 총리의 지시로 1986년에 마에카와 하루오 전 일본은행 총재를 좌장으로 하는 마에카와 리포트를 발표하고 내수 확대에 온 힘을 쏟았어요. 미국 베이커 재무 장관의 요청을 거부하려는 움직임은 찾아볼 수 없었어요. 블랙 먼데이 이후 초저금리 정책의 영향으로 주가와 부동산 시세의 상승이 가속화되고 버블이 팽창했어요. 일본의 버블은 다름 아닌 미국의 작품이었던 거죠.

이렇게 일본은 미국의 요구를 전부 받아들였어요. 그런데 독일은 처음에만 협력했고, 이후 지체 없이 이탈했어요. 플라자 합의 서독 대표였던 한스 티트마이어를 인터뷰한 적이 있는데, 그는 "일본은 바보 같은 짓을 했다. 금융 정책은 자국을 위해서 하는 것이다"라고 말했습니다. 당시 일본의 대장성 장관이었던 다케시타 노보루는 훗날 "몇 번을 죽어도 모자랄 만큼 죄가 무겁다"라는 말을 남겼지만 소 잃고 외양간 고치는 격이었어요.

MIYAZAKI ——— 만약 중국이 예전의 일본처럼 플라자 합의 같은 것을 한다면 일순간에 코가 꿰게 되겠군요.

TAMURA ——— 그건 '위안화 절하'를 의미하는데, 실제로는 자본도피가 일어나서 위안화가 점점 팔리고 있기 때문에 달러를 팔아 위안화를 매입하지 않으면 위안화 환율은 계속 떨어질 뿐이에요. 그래서 외환보유고를 조금씩 줄여 위안화 폭락을 막고 있는데, 외화가 부족해지니 외부에서 점점 차입하는 상황입니다.

시장의 수급 관계에서 봐도 위안화를 절하할 수 없다는 것은 트럼프 정권도 잘 알고 있겠지만 어떤 이유에서든 위안화 절하에 대해서는 경계를 늦추지 않고 있습니다. 위안화가 싸지면 트럼프 정권이 대중 무역 적자를 삭감하기 위해 제재 관세를 부과하더라도 중국 제품 수입 가격이 오르지 않기 때문에 서로 득실이 없게 돼요.

하이테크 없는
중국의 하이테크 산업

TAMURA _____ 그래서 중국은 외국 자본에 의지할 수밖에 없습니다. 히타치제작소나 미쓰비시 등의 일본 기업을 비롯해 독일 기업의 투자를 절실히 원하고 있어요. 자금 투자는 말할 것도 없고 기술까지 말이죠. 특히 반도체 국산화율의 경우 중국은 수준이 매우 낮아요. 반도체는 나날이 계속해서 진보, 발전하는데 대외에 의존한 채로 최신의 핵심 기술을 습득하지 못하게 되면 IT도, AI도 끝입니다.

미국이 중국 3위의 통신 제조회사 ZTE에 대해 미국 기업과의 거래를 중단하도록 제재한 순간 ZTE가 망할 뻔했는데, 그것도 기본 기술이 전부 미국 기술이었기 때문입니다. 그 일로 중국은 큰 충격을 받았었죠.

중국 기업은 해외에서 들여온 공작 기계로 부품만 만들 수 있어요. 각종 부품을 모으면 최신 제품을 만들 수 있는 수준은 돼요. 하지만, 예를 들어 일본의 파나소닉처럼 카메라를 만들면서 렌즈부터 각종 부품까지 전부 자사에서 제조해 제품화할 수는 없어요. 그런 수직 통합이 가능한 기업은 중국에서 화웨이 외에는 거의 보기 드물어요.

MIYAZAKI _____ 중국은 몇 년 전부터 돈이 되는 것이면 무엇이든 덤벼들어 특허 출원을 해서 2017년에는 국제 특허 출원 건수로 일본을 앞질렀어요. 미국도 기본 특허 건수는 매년 거의 비슷하다가 최근에는 조금 감소했어요. 일본은 아주 조금 올랐는데 중국은 급격하게 출원 건수를 늘렸죠. 하지만 이건 출원 건수일 뿐이지 특허 성립 건수로는 아직 일본을 앞지르지 못했어요. 중국인 중에는 일본 특허청이 공표한 특허 서류를 그대로 자국에서 특허 출원해 미국 특허청에 제출한 사례도 있어요. 5년 전까지는 출원 건수만 늘어났는데, 최근에는 특허 성립 비율이 높아지고 있는 게 사실이에요. 특히 중국의 대기업들 사이에서 특허 성립 비율이 늘고 있어요.

차세대 5G 통신기기의 규격을 결정하는 데 화웨이와 ZTE가 연관되어 있으면 미국 기업들은 난처해질 거예요. 그런 연유로 미국 기업들은 화웨이를 철저하게 배제하게 되었어요. 미국 정부는 일본에도 화웨이를 채용하지 말라고 압력을 넣었을 텐데, 처음에는 미온적인 태도를 보이던 일본 정부도 결국 화웨이를 배척하기 시작했어요.

일본 정부는 2018년 12월, 총리 관저에서 사이버보안대책추진회의를 열고 각 부처에서 사용하는 정보통신 시스템에 악의적인 기능이 들어간 기기를 조달하지 않을 것을 합의했어요. 어디라고는 밝히지는 않았지만 미국 정부가 사용을 금지하는 중국 통신기기 회사 화웨이와 ZTE를 염두에 두고 있는 것은 분명합니다.

TAMURA _____ 차세대 5G 통신 기술은 지금의 100배에 달하는 데이터 양을 처리할 수 있어요. 인터넷으로 모든 디바이스에 접속하는 IoT(Internet of Things)도 5G라면 구현이 가능해지죠. 군사적으로도 중요성이 높아지는 만큼 5G 통신 기술은 미국이 가장 신경을 곤두세우는 분야입니다. 중국에게 5G 주도권을 빼앗기면 끝장인 거예요.

지금까지 5G 기술에 있어서는 화웨이가 앞선 부분이 있다는 견해가 꽤 많아요. 하지만 중국이 새로운 기술 개발로 세계를 리드하는 나라가 되는 것은 사실 불가능합니다. 부가가치를 높일 수 있는 선진적인 반도체나 디바이스를 만드는 기술력이 아직 중국에는 없거든요.

MIYAZAKI _____ 제철의 경우에도 생산량은 중국이 세계 최고지만 특수강, 특히 자동차 강판은 자급률이 매우 낮아요. 자동차를 2,400만 대나 생산했지만 고장력(高張力) 자동차용 강판을 자급할 수 있는 수준에는 이르지 못했어요. 그 마저도 일본 철강 회사 신닛테쓰 출신들이 상하이의 바오샨제철소에 가서 엔지니어로 일하고 있기 때문에 가능한 일입니다.

TAMURA _____ 저는 1980년도에 중·일 경제 각료회의 취재차 중국에 갔다가 바오샨제철소를 견학한 적이 있어요. 중·일 우호의 상징으로 신닛테쓰가 바오샨제철소에 꽤나 협력을 했었지만 이미 그때 바오샨제철소는 경영 부진 상태에 빠져 있었어요. 가서 보니 공장 안에 똑같은 크레인이 가는 곳마다 줄줄이 늘어서 있더군요. 사실 크레인은 한 대만 있으면 되는데 왜 그렇게 많은가 했더니 각 성마다 판매 경쟁이 치열하다보니 이중, 삼중 투자를 했던 거라더군요. 그러니 채산성이 맞지 않았던 거죠. 어쩌면 이게 중국의 속성일 겁니다.

그런데 바오샨제철소가 그런 수용력을 갖게 되자 그걸 보고는 여기저기서 제철소를 만들기 시작했어요. 그렇게 해서 전국 곳곳에 제철소가 생겼죠. 덩샤오핑의 명령으로 시정하도록 했지만 제철소 건설은 멈추지 않았어요. 그 결과 세계 최고의 철강 생산력을 갖게 됐지만 과잉 생산된 철재가 넘쳐났습니다.

MIYAZAKI 중국의 철강 총 생산 능력은 12억 톤으로, 연간 생산량은 8억 톤이고 해외에 1억 톤 정도 수출하고 있는 모양입니다. 하지만 과잉 생산을 줄이면 국내 수요와 합쳐도 연간 생산량은 6억 톤이 적당합니다. 또 경제가 시들해지면 4억 톤 정도로도 충분할 수 있습니다.

중국은 공산당이 주도하는 사회주의 시장경제이므로 일단 공산당의 계획에 의해 무조건 제품을 잔뜩 만들어요. 자금이 최적화되는 과정에서 효율적으로 움직이는 자본주의 시스템과는 전혀 다릅니다.

TAMURA 중국은 인치(人治)사회[4]로, 경제학자 프리드리히 하이에크가 말한 것처럼 자생적 질서에 의해 조직이 생겨나는 사회는 아닙니다. 선진 자본주의 국가처럼 공정한 규칙 아래서 돈이 움직여 경제가 발전하는 구조와는 전혀 달라요. 거기에 공산당 주도의 인치가 끼어들어 파벌이 형성되죠.

---

4 사회생활이 법에 의지되는 것이 아니고 지도자의 의지에 의해 움직이는 정치를 말함

MIYAZAKI ———— 이런 문화는 자칫 제 식구 발목을 붙잡는다거나 지나친 경쟁으로 이어져 일을 망치기도 하는데, 중국이 제대로 된 선진국이 되려면 이런 문화적인 요소를 극복하는 게 무엇보다 중요합니다. 그러지 않으면 '중소득국의 함정'에 빠지게 되죠. 국민 1인당 GDP가 3,000달러에서 1만 달러 정도까지 올라가다가 거기서 멈추고 마는 겁니다. 2만 달러가 넘는 선진국 수준에는 미치지 못하게 돼요. 브라질처럼요.

아시아에서 선진국이 될 수 있었던 나라는 일본, 한국, 대만, 싱가포르뿐입니다. 홍콩도 훨씬 오래전에 2만 달러를 넘어서 이제는 일본보다 높아요. 싱가포르, 홍콩은 금융 국가라서 특수하지만, 공업 국가인 중국이 GDP 2만 달러가 넘는 선진국이 되려면 직접 기술 개발력을 높여야 합니다.

그런데 중국은 여전히 글을 읽고 쓸 줄 아는 국민 비율이 늘지 않고 있어요. 농촌으로 갈수록 교육에 대한 이해가 떨어지고요. 인구가 14억 명이나 되다 보니 국민의 평균 지적 수준이 향상되는 데는 많은 어려움이 있습니다. 더구나 지금 중국에서 농민의 지위는 도시 생활자에 비해 낮습니다. 그런데 1인당 국민소득을 올리려면 최하층까지 수준을 올리지 않으면 답이 나오지 않기 때문에 애초에 2만 달러 이상의 GDP는 무리한 이야기입니다.

TAMURA _____ 새로운 가치를 창조하는 산업 잠재력이 없으면 선진국이 될 수 없어요. 그러기 위해서는 기초 기술이 있어야만 하죠. 특히 반도체 기술이 중심이 돼야 하고요.

중국은 지금까지 중국으로 진출하는 해외 기업으로부터 첨단 기술을 전부 제공받았고, 또 기술 도입 차원에서인지 실리콘밸리 기업을 매수하거나 엔지니어를 스카우트했어요. 한국의 삼성도 중국에게 엄청 당했고 기술자들도 일부 중국 기업에 빼앗겼다고 합니다. 삼성은 사실 예전에 일본 기업에서 기술을 전수받았었는데, 지금은 상황이 바뀐 거죠.

MIYAZAKI _____ 일본의 경우, 일본 전기회사를 퇴직한 기술자들 중 상당수가 중국에서 재고용되고 있습니다.

TAMURA _____ 화웨이재팬도 대졸 신입사원 급여가 40만 엔(약 420만 원)이라고 해서 화제가 되었잖아요. 그들이 인재를 얻기 위해서 쓰는 돈은 엄청납니다. 일본에서는 우수한 도쿄대학교 출신의 이과 계열 졸업자라도 신입사원의 급여는 비슷비슷합니다. 또 아무리 훌륭한 기술자라도 정년이 다가오면 모두 퇴직시키고 돌보지 않아요. 인재에게 투자하지 않으니까 이런 일이 생기는 겁니다.

그런데 그런 식으로 최고의 기술을 빼갔지만 그것을 응용, 적용해 생산할 수 있는 저변이 마련되어 있느냐 하면, 그렇지 않습니다. 선전 등에 가 보면 다양한 드론이 하늘을 날아다니고 있고 겉으로 보면 기술력이 발전하고 있는 듯 보여요. 하지만 실제로 그 바탕이 되는 부품 산업은 매우 비정상적으로 이뤄지고 있습니다.

반도체를 붙이는 프린트 기판이나 마더보드는 일본에서 진출한 중소기업이 만들어요. 이런 제품은 하이테크 기술을 요하는데, 그 중요 요소가 똑같이 복제되어 중국 회사로 유출됩니다. 반도체 칩은 국산화하지 못하기 때문에 그런 것을 탑재한 세트를 확보하고 나머지는 복제해서 하이테크 제품을 만들고 있어요. 일본의 디지털 기기 제조사가 신제품을 발표할라 치면, 그전에 그와 똑같은 제품이 중국 제조회사에 의해 제조, 판매되는 겁니다.

MIYAZAKI _____ 드론은 완전히 보기 좋게 빼앗겼어요. 정말로 어느 순간 감쪽같이 말이죠. 일본의 국토지리원도 중국이 만든 드론을 사용하고 있습니다.

TAMURA _____ 태양광 패널도 마찬가지잖아요.
그렇다고는 해도 중국은 자기 식구들끼리 서로 경쟁하고 발목 잡는 경우가 많아요. 일본처럼 도제 방식으로 기술을 계승하는 일이 없습니다.

예전에는 외국 자본 계열 회사의 가전이나 자동차 등을 합병하는 방식으로 유치해 제품 조립도 하고 모터, 엔진 등 핵심 부품도 국산화해왔지만, 경쟁이 너무 지나칩니다. 손쉽게 모방할 수 있는 것은 IT뿐이라서 가는 곳마다 IT 센터를 만들고 기술을 가진 외국 기업에 추파를 던지죠. 베이징 교외에 들어선 국제전람센터가 그런 곳이죠. 난창에서도 비슷한 일을 하고 있어요.

MIYAZAKI   난창은 장시성의 중심지입니다. 경제 발전 초기에는 일본의 잡화 기업과 도기, 타일, 파이프 기업 등이 난창으로 진출했었죠.

TAMURA   구이저우성의 구이양도 지금 IT로 성황을 이루고 있어요. 원래 구이저우성에서는 부동산과 관련된 일을 해왔어요. 부동산 자본으로 큰 곳이죠. 그런 자본을 가진 기업들이 금융업 등으로 진출했고, 거대 복합기업이 된 겁니다.

MIYAZAKI   그렇죠. 구이저우성은 원래 IT에 적합하지 않아요. 습기가 많고 해도 보기 어려운 곳이잖아요. 사흘 이상 맑은 날이 드물어서 '해가 나오면 개가 짖는다'고 할 정도니까요. 그래서 마오타이주 산지로 적합한 곳이죠.

달러의 지원 없는 통화 발행으로
신용 잃어가는 위안화

TAMURA ———— 트럼프가 대중 무역 적자를 2,000억 달러(약 237조 6,000억 원) 삭감시키도록 요구하면 무역 흑자로 움직이는 중국 경제는 죽습니다. 즉 국제수지가 적자로 돌아서면 중국 경제는 멈추고 말 겁니다. 그렇게 되면 앞에서 말했듯이 지금의 위안화 통화 시스템으로는 달러의 지원이 없는 통화를 함부로 발행한다는 말이 됩니다.

MIYAZAKI ———— 위안화 발행량은 외환보유고와 같다는 원칙이 무너졌어요. 국제수지가 적자일 경우 외환보유고는 감소하는데, 그렇게 되면 위안화를 찍어낼 수 없게 될 텐데요….

TAMURA _____ 그래도 발행은 할 수 있어요. 중국 중앙은행인 인민은행은 돈을 발행해서 금융자산을 수매하고, 발행한 돈은 산업은행을 경유해 융자가 되지만, 결국 인민은행의 부채가 됩니다. 수매한 금융자산은 자산부에 편입되어 부채와 균형을 이뤄요. 그러나 자산의 질이 나쁘면 불량화되어 채무가 초과되고 말죠. 우량 자산은 달러뿐이기 때문에 달러가 유입되지 않으면 위안화는 휴지조각이 되는 겁니다. 더구나 중국인들은 달러의 지원이 없는 통화를 신용하지 않기 때문에 위안화 표시 자산을 늦기 전에 반출하려 하고 있어요.

MIYAZAKI _____ 2017년 말, 비트코인이 최고가를 찍은 후 하락했는데, 이때 중국에서의 자본 유출이 밀접하게 관련되어 있었죠. 그래서 중국 당국은 위안화의 해외 반출을 제한하고 있어요.

TAMURA _____ 지금 중국에서는 외환시장에 엄청난 압력을 가하고 있습니다.

MIYAZAKI _____ 실제로 중국은 꽤 오래전부터 외화가 부족해진 상태예요. 그래서 중국에 파견되었던 한 신문사 기자의 경우 중국을 떠나올 때 월급을 지급받지 못했다가 1년 후에 겨우 받은 일도 있다고 하더군요.

TAMURA _____ 중국은 지금 송금을 규제하고 있잖아요. 게다가 상
대가 누군가에 따라 규제하기도 하고 풀기도 하죠.

MIYAZAKI _____ 최근 어떤 기사를 보니 중국의 은행에 가서 1만 엔
짜리 지폐를 환전하는데 서류가 세 장이나 필요했다고 해요. 왜
그렇게까지 절차가 복잡할까요? 왜 외화를 위안화로 환전하는
것도 규제하는 걸까요?

TAMURA _____ 외화가 들어오면 위안화가 언젠가는 팔릴 테니까
그러는 걸 거예요. 중국에서는 외국인의 경우 외화를 얼마만큼
샀다는 확실한 증거가 없으면 나중에 위안화를 해외로 들고 나
갈 수가 없어요. 위안화 관리를 위해 서류 절차를 반드시 밟게
하는 거죠.

MIYAZAKI _____ 중국인들이 해외에 나가서 더 이상 싹쓸이 쇼핑을
하지 못하게 된 것도 1년에 해외로 반출되는 금액을 5만 달러
이내로 제한하고 있기 때문입니다. 그렇게 하면 싹쓸이 쇼핑이
라고 해봤자 기껏해야 분유나 위장약 정도로 끝나요. 게다가 그
사람들은 페리에 머무는 경우가 많아서 현지의 호텔에는 전혀
도움이 되지 않아요.
이 말은 즉, 현재 중국에 외화가 없다는 뜻입니다. 여기서 한때

잠적했던 중국의 인기 배우 판빙빙 사건이 드러나요. 판빙빙은 미국에 가명으로 부동산 열 채 정도를 보유하고 있었는데, 이 때문에 중국 당국으로부터 탈세 혐의를 받았어요. 중국 국세청은 이를 헐값에 팔게 해서 달러로 중국으로 송금하게 하고 세금과 벌금 등으로 약 8억 8,000만 위안(약 1,400억 원)을 내라고 명령했어요.

TAMURA　　　지금 중국은 해외 자산을 자꾸 처분하게 하고 있죠.

MIYAZAKI　　　왕젠린이 이끄는 완다그룹(다롄완다그룹)은 76개의 호텔과 13개의 테마파크를 매각했어요. 금액은 총 93억 달러(약 10조 9,000억 원)나 되는데 그래도 부족하겠죠. 안방생명보험은 월도프아스토리아호텔부터 트럼프타워 근처에 있던 빌딩까지 모조리 팔았는데, 그러고도 아직 숨겨놓은 자산이 있다고 합니다.

그걸 지켜본 다른 중국 사람들은 해외에 있는 자산을 적절한 시기에 팔아치울 수밖에 없었을 거예요.

중국 버블 경제의 끝에
세계 경제의 운명이 달려 있다

TAMURA _____ 자본 유출 외에도 중국에 돈이 들어오지 않는 문제가 있는데, 사실은 중국에 돈을 넣는 건 중국인들입니다. 이권을 가진 관료들이 부정 축재한 돈은 홍콩이나 카리브 해에 있는 케이맨 제도 등 조세피난처를 경유해 일단 해외로 옮겨진 다음 중국 본토로 되돌아와 투자됩니다. 그 매매 수익은 다시 해외로 유출된 다음에 외국 자본을 가장해 되돌아오는데, 이것이 이른바 '핫머니(hot money)'입니다.

장부상 홍콩에 이미 설립되어 있는 자회사가 케이맨 제도에 페이퍼 컴퍼니를 만들어 놓고 중국의 부동산 시황이 좋아진다 싶으면 즉시 중국 시장에 자금을 투입하거나 고이율의 이재상품에 투자해 버블이 부풀어 오르는 구조입니다. 중국인만의 힘으로 '버블 경제'를 만든 것이죠.

MIYAZAKI _____ 이 내용은 파나마 페이퍼스[5]를 통해 꽤 상세하게 폭로되었죠.

TAMURA _____ 이제 완전히 공개적이고 투명도가 높은 회계 시스템으로 바꾸는 것만으로는 위험해요. 지금은 속이고 있어서 괜찮지만 이런 사실이 드러나면 상당히 위험합니다.

MIYAZAKI _____ 아마 중국 GDP의 20퍼센트는 그런 뒷거래 자금이 반영된 것일 겁니다. 그런데 20퍼센트면 티도 안 나잖아요. 더 있지 않을까요?

TAMURA _____ 세금을 낼 필요 없는 돈이니 아마 그럴 수도 있겠죠.

MIYAZAKI _____ 영국령인 버진 제도에는 중국계 기업이 대략 2만 5,000개 정도 등록되어 있는데, 빌딩 하나에 몇 천 개의 회사가 등록되어 있어요.

---

5 파나마 소재의 조세회피 전문 로펌에서 유출된 내부 자료를 분석하는 탐사보도 프로젝트

TAMURA _____ 전부 페이퍼 컴퍼니고, 그 노하우를 전수받은 것이 홍콩 금융계입니다.

MIYAZAKI _____ 결국 영국계 회계사무소와 HSBC가 그 중심에 있습니다. 홍콩이 영국으로 반환된 1997년, 영국의 주간지《이코노미스트》에 런던 조세피난처에 있는 회계사무소들이 광고를 냈어요. 호기심이 일었던 저는 반은 장난으로 자료를 보내달라고 요청했습니다. 그랬더니 팩스로 40장 정도의 자료를 보내왔어요. 당시는 팩스 한 통에 5~6달러(약 6,000원~7,000원) 정도 하던 시절인데, 팩스 보내는 데 아낌없이 돈을 썼던 거죠. 세 개의 회사 정도가 내 요구에 응해서 결국 180쪽가량의 자료를 보내왔어요. 그때 갑자기 이런 회사가 성행한다는 것을 알 수 있었어요.

중국의 부동산에서 매매되는 것은 사용권뿐인데, 지방 정부는 그 사용권을 돈으로 바꾸고 있어요. 그 전까지 토지는 전혀 가치가 없었는데, 갑자기 건설 계획을 세우고 실제로 인프라 공사를 해요. 그렇게 자금을 창출해내고 있어요. 무에서 유를 만들어내고 있는 거예요. 처음부터 제품을 만들고 가공한 후 부가가치를 매겨서 판매하는 보통의 방식과는 완전히 달라요.

TAMURA _____ 제조 산업과는 의미가 다르죠. 그러나 결국 가치가 붙으면 됩니다. 자산 거래라는 것은 시세가 오르면 자산 가치가 발생하니까 유통하면 돼요. 판매자와 구매자만 있으면 그만인 거죠.

주식도 원래 그런데, 주식은 유동성이 너무 커서 당국의 감시가 지나치게 엄격해요. 상하이 주식이 하염없이 떨어졌는데도 뉴욕 시장은 딱히 연동해서 내려가는 일이 없습니다.

예전에 상하이 주식이 급락하면서 그 여파로 세계 시장이 요동친 적이 있는데, 그건 특수한 상황이었습니다. 리먼 브라더스 사태 전인 2007년 2월의 일로, 그때는 리먼 브라더스 사태 전의 서브 프라임론 위기가 표면화돼 수상한 분위기가 느껴지는 가운데 상하이 주식이 급락했기 때문에 함께 흔들린 겁니다. 지금은 그런 상황에 워낙 익숙해져 있어서 상하이 주식이 떨어져도 일부를 제외하고는 크게 흔들리지 않아요.

2016년 1월에도 상하이 주식이 하락한 적이 있어요. 2015년 여름에도 위안화가 절하되면서 주식이 폭락했는데, 자본도피가 심화되는 가운데 상하이 주식이 갑자기 떨어졌어요. 그때 중국 당국은 서킷 브레이커(circuit breaker) 제도[6]를 도입해 시장을 보호하려고 했다가 시장이 멈추는 바람에 공황 상태에 빠졌습니다.

---

6 주식시장에서 불안정성이 커질 때 매매를 일시적으로 정지시키는 제도

MIYAZAKI ———— 일본에서도 서킷 브레이커를 활용했지만 중국의 경우는 시장에서 5퍼센트 떨어지면 서킷 브레이커가 움직여서 15분 동안 거래가 정지되고, 재개 후 7퍼센트가 떨어지면 그날의 거래가 중단됩니다.

요컨대 증권계에는 '주식이 최고치를 찍고 하락세에 들어서면 최고치의 32퍼센트가 최저치의 판단 기준이 된다(최고치×0.5×0.8×0.8=0.32)'는 격언이 있잖아요? 2015년 8월에 상하이 종합지수는 5,600까지 올라갔는데, 이 원칙을 적용하면 1,800까지 떨어져야 합니다. 그런데 2019년 1월 8일 현재 상하이 종합지수는 2,529로, 그때까지 하락의 여지가 있었어요. 무엇보다 중국 정부가 팔지 말라고 명령하고 있었거든요. 정부는 '악성 공매를 범죄로 판단하겠다'고 했지만 좋은 공매와 나쁜 공매는 어떤 기준으로 구별할까요?

TAMURA ———— 그냥 당국이 결정하면 억지로 끌고 가는 겁니다. 상하이증권거래소 시스템은 모든 거래를 실시간으로 다 볼 수 있다고 해요. 원래는 미국의 거래소 시스템과 같습니다. 당국이 공매를 감시하며, 의심이 들면 즉시 전화를 걸어 거래 중단을 명령한다고 하더군요.

부동산은 그렇게는 안 돼요. 결국 부동산 투자를 계속할 수밖에 없습니다. 상하이나 베이징 등 대도심에서 부를 축적한 사람들

은 거의 아파트나 주택을 몇 채씩 보유하고 있어요. 그래서 중
국인들에게 가장 잘 맞는 건 부동산이라고 할 수 있죠.

중국 서민이 금을 사기 시작하면
위안화는 붕괴하고 만다

MIYAZAKI   2018년 9월 중국 당국에 의해 체포된 인터폴 전 총재 멍훙웨이는 아마 중국 공산당 간부들의 해외 비밀계좌와 그 규모, 소유한 부동산 등에 대해 다 알고 있을 겁니다. 그는 스위스에서 의문사한 하이항그룹의 왕젠 회장과 관련된 내용도 알고 있지 않겠어요?

TAMURA   돈세탁 감시역이었잖아요. 게다가 멍훙웨이는 장쩌민파입니다. 실각한 저우융캉 전 정치국 상무위원 겸 정법위원과도 사이가 가까웠죠. 그는 홍콩을 경유한 돈의 흐름을 전부 장악하고 있었는데, 시진핑이 이렇게 알짜 정보를 가지고 있는 그를 그냥 뒀을 리 없죠. 그렇게 얻어낸 정보를 권력 강화를 위한 수단으로 삼을 수도 있고, 동시에 해외로 도피시킨 자산을 회수할 기회로 삼을 수도 있으니 말입니다.

MIYAZAKI ――― 이런 식으로 잠깐 빠져나간 외화 중 일부는 회수할 수 있지만, 그 이상은 회수하기 어려워요.

TAMURA ――― 그럼에도 이렇게 몰아붙여 일벌백계로 다스림으로써 자산을 해외에 반출하지 말라는 경고로 삼을 수는 있죠.

MIYAZAKI ――― 그런데 미국이 금융 제재를 발동하면 중국보다 먼저 중국의 재미(在美) 자산을 파악할 수 있습니다. 만약 트럼프가 이렇게 파악한 재미 자산을 동결하게 되면 그때는 이미 중국이 해외로 빠져나간 자산을 회수하기 어렵게 될지도 모르죠.

TAMURA ――― 아무리 트럼프지만 선전포고라도 하지 않는 이상 자산을 동결할 수는 없을 겁니다.

MIYAZAKI ――― 개인 자산은 동결할 수 있어요. 크림반도 문제로 러시아를 제재하는 데는 이용하고 있죠.

그래서 다음에 생각할 수 있는 중국인의 행동은 내수 소비재

중에서 가치가 높은, 예를 들어 렉서스, 롤렉스를 구입하는 거예요. 그리고 그 다음에는 아마도 금을 구입할 텐데요, 아직까지 꾸준히 팔리고는 있지만 금 수요가 급격하게 늘고 있지는 않아요.

사실 중국의 금은 순도 96퍼센트면 합격이라서 위험합니다. 국제 기준은 포나인(99.99퍼센트)이거든요. 1982년 중국에서 출시한 골드 판다 주화도 위험하죠. 중국을 제외한 다른 나라에서는 귀금속업자들도 위험하다며 골드 판다를 매장에서 취급하지 않는다고 해요. 하지만 중국 서민들이 좀 더 본격적으로 금을 사기 시작한다면 위안화 폭락의 전초전이 될 겁니다.

CHINA
ECONOMIC COLLAPSE

3

중국의 세계 전략이
실패할 수밖에 없는 이유

중국 채무의 덫에 걸려든
파키스탄, 스리랑카, 캄보디아의 운명은?

TAMURA   중국은 일대일로 개발 사업을 통해 전략적으로 자국의 영역을 확대해 가고 있지만, 그 방식이 지나치게 노골적인 탓에 그와 관계된 각국의 원성이 자자합니다.

AIIB(Asian Infrastructure Investment Bank, 아시아인프라투자은행)의 일대일로 개발 사업은 스리랑카와 파키스탄에서 프로젝트가 시작되었다고는 하지만, 이 공사는 중국 기업이 100퍼센트 수주하고 있기 때문에 개발비는 위안화 금융으로 전부 해결합니다. 부채만 현지 정부에 책임지게 하고 달러 베이스로 금리가 6퍼센트에 달하는 꽤 높은 이율로 공사를 하는 겁니다. 그래서 현지 정부가 돈을 내지 못하면 중국이 해당 정부의 권익을 빼앗죠.

예를 들어 파키스탄의 경우, 파키스탄 정부의 부채로 외화로 표시해서 계약하기 때문에 외화로 변제할 것을 요구해요. 사기가 따로 없죠. 미국 펜스 부통령이 말한 '채무의 덫'에 걸려든 거죠.

MIYAZAKI   개발 프로젝트 계약을 하고 불도저, 크레인, 셔블카, 시멘트, 건축자재, 유리에 이르기까지 전부 중국에서 들여온다는 겁니까? 그럼 해당 국가 입장에서는 개발에 들어가는 자재가 전부 수입품이라 아무런 득도 없고, 무역 적자를 면하기 어렵겠네요. 무역 균형 측면에서는 중국에서의 수입이 초과 상태가 될 테고요.

그 전형적인 사례로 훈센 총리가 독재하고 있는 캄보디아를 살펴봅시다. 이 나라에도 방대한 차이나 머니가 유입되었는데, 아이러니하게도 이게 캄보디아 경제를 뒷받침하고 있습니다.

중국은 캄보디아 서해안에도 군항을 건설하려고 계획 중입니다. 이게 가능한 것은 실질적으로 훈센 총리가 중국과 매우 밀접한 관계를 유지하고 있기 때문입니다.

캄보디아와 태국 국경에 위치하는 콘 주는 지도에도 표시되지 않은 미개발의 황무지입니다. 프놈펜에서 직선으로 서향에 위치하며, 타이만에 인접해 있습니다. 캄보디아 해안선은 꽤 긴데, 아직까지 서남부의 시아누크빌 외에는 미개발 상태죠.

태국과의 산악 국경 지대에 있는 크메르 제국의 프레아 비헤아르 사원이 유네스코 세계유산으로 등록돼 있는데, 그 때문에 캄보디아는 태국과 국경을 두고 격렬하게 분쟁 중이에요. 아직 결론이 나지 않았지만 이 장소는 씨엠립에서 정북 방향이며 해안부와는 관계가 없어요. 거점은 시아누크빌이라는 뜻입니다.

심해항이고, 이미 일본의 원조로 컨테이너 터미널도 갖추고 수출항 역할을 다하고 있어요. 시아누크항만공사의 주식 25퍼센트는 일본의 국제협력기구 JICA가 소유하고 있는데, 중국 진출에 대항할 목적이었습니다.

캄보디아에 대한 지원은 일본이 가장 많이 했는데, 2016년도까지 유·무상의 자금 협력 및 기술 협력에 36억 달러(약 4조 원)를 갹출했어요. 캄보디아 평화회의는 일본이 주도권을 잡았고, 그 후에도 PKO(유엔의 평화유지군)에 자위대를 파견해 치안과 교량·도로 공사 등에도 공헌했죠.

그런데 최근 들어 중국이 대규모 인프라 건설을 하며 캄보디아에 진출하기 시작했어요. 프놈펜의 호화 아파트, 특히 경비원까지 배치된 억대 아파트는 대부분 중국 개발업자들에 의해 지어졌어요. 중국어를 가르치는 학교까지 있을 정도로 화교의 활약이 눈에 띕니다.

콘 주 시아누크빌 주변의 외딴섬들은 리조트 개발에 한창이었는데, 옛 종주국이었던 프랑스의 영향을 받은 탓에 휴양지로 각

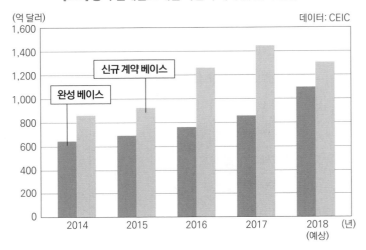

[표 7] 중국 일대일로 개발 사업의 계약 및 실시 현황

(억 달러)   데이터: CEIC

신규 계약 베이스

완성 베이스

2014   2015   2016   2017   2018 (년)
                                    (예상)

광을 받기 시작했어요. 그런데 프놈펜과의 사이에 비행 항로가 열리자마자 중국인 단체 관광객이 밀어 닥치면서 치안이 급격하게 악화되고 환경이 오염돼 주민들의 불만이 커졌습니다.

그러나 훈센 총리는 중국이 제시한 콘 주 개발에만 관심이 쏠려 있어요. 이미 4만 5,000헥타르는 중국계 기업에 99년간 조차(租借)[1]를 허락했다는 정보도 있습니다. 하지만 캄보디아는 입헌군주국이기 때문에 헌법상 외국인이 1만 헥타르가 넘는 토지를 소유할 수 없습니다. 그래서 중국은 캄보디아 국적의 화

---

1 특별한 합의에 따라 한 나라가 다른 나라 영토의 일부를 빌려 일정 기간 동안 통치하는 일

교 회사와 자본합병이라는 형태로 1만 헥타르의 1기 공사를 진행했습니다. 중국은 이곳에 리조트, 병원, 학교, 고층 빌딩, 쇼핑몰, 국제공항, 항만 시설 등이 들어선다고 선전했습니다.

이는 캄보디아 전체 해안선의 20퍼센트에 해당하는 대규모 프로젝트입니다. 중국은 동아프리카 지부티에 이어 이곳에 해외 해군기지를 조성하는 것이 최종 목표일 것입니다. 만약 캄보디아의 타이만 연안에 해군기지가 조성되어 중국 해군의 구축함이 기항하게 되면 안보상 큰 문제가 될 것입니다.

브루나이, 몰디브는
베네수엘라의 전철을 밟게 될까?

MIYAZAKI　　　　오일 부자 왕국 브루나이도 중국으로 기울고 있습니다.

브루나이는 ASEAN(Association of Southeast Asian Nations, 동남아시아 국가연합) 중에서도 특히 풍족한 나라지만 인구가 43만 명밖에 안 됩니다. 이슬람 국가라서 술도 담배도 법으로 금지되어 있죠. 신호가 없더라도 보행자가 있으면 차가 대기할 정도로 생활에 여유가 넘쳐요. 수상가옥에서 생활하는 사람들의 판잣집에도 전기, 수도, 가스가 배급되며 수세식 변소를 갖추고 있습니다. 실제로 가 보고 깜짝 놀랐어요.

하사날 볼키아 국왕은 모든 국제회의에 자가용기로 다니고 검소하게 행동해 미디어가 크게 다루는 일이 적어요. 볼거리는 거대한 모스크와 동물원을 제외하고는 별로 없고, 역사박물관에도 전시물이 많지 않아요. 통화는 싱가포르달러와 연동되지만, 브루나이를 벗어나면 쓸 수 없습니다.

자연보호 정책에 공을 들이고 있는 브루나이에 중국은 의도적으로 중국인 관광객을 유치했습니다. 현재 브루나이 외국인 방문자는 중국인이 단연 1위입니다. 다른 나라 관광객들은 전혀 눈에 띄지 않게 되었죠. 해상에 에코 섬까지 13킬로미터에 달하는 다리를 놓고 있는데, 이 공사도 중국 기업이 하고 있고, 총 공사비는 16억 달러(약 1조 8,000억 원)입니다.

원유를 휘발유와 디젤로 구분하는 화학 플랜트 복합 시설을 건설하고 있는 것도 중국입니다. 브루나이는 이 복합 시설에 사상 최초로 34억 달러(약 4조 원)라는 거액을 투자했습니다. 현지 보도에 따르면 공사 기간이 6개월 지연되면 2기 공사에 착수하게 되는데, 건설과 투자 모두에 120억 달러(약 14조 원)의 별도 비용이 추가되는 프로젝트라고 합니다.

그 외에도 '쥬블리 수력댐'을 건설하는 데 8억 5,500만 달러(약 1조 원)의 공사비가 들어갑니다. 여기에도 중국의 자금이 개입된 것이, 이 또한 신 실크로드 사업의 일환입니다. 2018년 말 현재, 중국이 브루나이에 투자한 금액은 총 41억 달러(약 4조 8,000억 원)에 달합니다.

중국이 브루나이의 원유와 가스를 담보로 잡고 있어서 자원 가격이 급락하면 브루나이에서 제2의 베네수엘라 사태가 일어나지 않을까 하는 우려가 커지고 있습니다.

TAMURA _____ 동남아시아 국가 대부분이 대중 무역에서 완전 적자를 내고 있기 때문입니다. 지금은 내버려두고 있지만 중국은 이 나라들의 채권국이 되었고, 그 채권은 점점 누적되고 있습니다. 결국 빚 대신 토지를 내놓으라고 하겠죠.

MIYAZAKI _____ 스리랑카의 경우 함반토타 항을 99년간 조차하기로 했어요. 몰디브도 담보로 열여섯 개 이상의 섬을 빼앗길 상황이고요. 미얀마의 라카인 주, 방글라데시의 치타공도 위험해요. 파키스탄의 과다르는 43년간 조차하기로 했는데, 이미 빼앗긴 것이나 다름없죠. 당황한 곳은 인도인데, 안보상 국가의 위기라며 몰디브에 14억 달러(약 1조 6,000억 원)의 신용공여[2]를 단행했어요.

지금 말한 곳들을 점으로 연결해보면 말라카부터 인도 항로와 일치합니다. 결국 동아프리카 지부티까지 이어지죠. 지부티는 해군기지이고 계약 연수가 공표되지는 않았지만 반영구적인

---

2 금융 거래에서 자기의 재산을 타인으로 하여금 일시적으로 이용하게 하는 일

군사기지일 테죠.

TAMURA _____ 육지는 철도, 바다는 배로 양쪽 다 군용으로 바뀌는 것이라서 성가십니다. 얼마 전까지 인도 주변을 에워싸고 있는 형태가 목걸이처럼 보인다고 해서 '진주 목걸이' 전략이라고 불렸는데, 그게 더 늘어났어요.

MIYAZAKI _____ 2018년에 치러진 몰디브 대통령 선거에서 인도가 지원한 무명의 정치가가 58퍼센트를 얻었고 중국과 가까웠던 압둘라 야민 전 대통령은 42퍼센트밖에 얻지 못했죠. 2018년 11월에 대통령 취임식이 있었는데, 인도는 나렌드라 모디 총리가 참석했습니다. 그런데 중국에서는 관광 장관이 참석했죠. 몰디브는 예전에는 유럽인, 일본인 들이 많이 찾는 여행지였는데, 지금은 중국인만 북적거립니다. 그래서 중국 관광 장관의 참석이 일종의 협박으로 비치기도 했죠. 이러쿵저러쿵 말하면 '단체 관광을 줄이네', '더 늘리네' 하며 흔들 수도 있으니까요. 중국 정부는 공식적으로는 "우리는 몰디브 국민의 선택을 존중한다"라고 운운했지만 말이죠.

몰디브가 중국에서 도대체 얼마를 빌렸는지는 잘 알려져 있지 않습니다. 열일곱 개의 프로젝트에 13억 달러(약 1조 5,000억 원)를 빌렸다고 알려졌는데, 인도로 도망친 전 대통령의 말에 의

하면 30억 달러(약 3조 5,600억 원)를 빌렸다고 합니다. 몰디브 GDP가 30억 달러인데, 그에 필적할 만한 돈을 빌렸다? 이게 사실이라면 지금 몰디브는 나라로서 존립할 수 있느냐 없느냐 하는 생사의 기로에 서 있다고 할 수 있습니다.

TAMURA ———— 말레이시아의 경우는 마하티르 빈 모하마드 총리가 정권에 복귀해서 중국의 해안철도 사업을 중단하기로 결정했습니다. 인도네시아의 해안철도 사업도 전혀 진척이 없어서 사실상 중단된 상태나 다름없죠.

MIYAZAKI ———— 중국의 대외 인프라 투자가 좌절된 첫 사례는 니카라과 운하였을 것입니다. 공사를 시작하고 주민과 환경 보호 단체의 반대 운동이 일어나기도 했는데, 공사를 시작하고 얼마 지나지 않아 자금이 바닥나서 2018년 2월, 정식으로 중단되었습니다.

베네수엘라 고속철도 사업도 2018년 2월에 정식으로 중단되었습니다. 일설에 따르면 베네수엘라는 지금까지 중국에서 420억 달러(약 49조 원)를 빌렸어요. 그것을 담보로 원유를 수출했는데, 원유를 수출하고도 베네수엘라로는 대금이 한 푼도 들어오지 않았어요. 이미 예전에 돈을 빌려서 썼기 때문이에요.

중국은 현지에 일단 투자한 것과 같습니다. 그래서 베네수엘라에는 채무가 발생했고 그것을 원유로 지불하라고 요구하죠. 하지만 베네수엘라는 경제가 무너지고 정권도 붕괴되어 엎친 데 덮친 격으로 거대한 채무를 떠안게 된 것입니다.

중국이 파놓은 개발의 덫에
빠지고 있는 아시아 국가들

MIYAZAKI _____ 중국의 실패는 리비아에서 시작되었어요. 100가지
프로젝트를 수주해서 중국인 노동자 3만 6,000명을 파견했지
만 프로젝트는 전부 좌절되었어요. 애초에 그 채무를 누구와 협
상해야 하는지도 몰랐죠. 리비아는 트리폴리 정권과 벵가지 정
권, 중앙 사막에 또 하나의 정권을 자칭하는 세 정권이 있어서
사실상의 무정부 상태라고 할 수 있습니다.

TAMURA _____ 파견된 중국인 노동자들은 어떻게 됐나요?

MIYAZAKI _____ 구조기와 헬리콥터를 보내 전원 구출해 중국으로

돌아왔습니다. 중국은 철수도 빨라요. 동일본 대지진 당시 도호쿠 지역에 중국인 12만 명 정도가 살고 있었는데, 그들도 한번에 돌아갔어요. 버스를 수배해서 니가타 공항에 집결시켜 전세 비행기를 띄웠죠.

이렇게 사업 자체가 중단된 경우도 있지만 제대로 계약해 사업이 진행된 나라 중에서도 중국의 '채무의 덫'에 빠진 곳이 있어요. 앞에서 얘기한 스리랑카와 몰디브죠. 미얀마, 방글라데시도 중국의 희생양이 될 것 같고요.

나집 라작 정권에서 마하티르 정권으로 교체된 말레이시아는 지금 재정을 재검토하고 있어요. 해안철도 사업에 200억 달러(약 23조 원), 보루네오섬에서 연결되는 두 개의 파이프라인 사업에 30억 달러(약 3조 5,600억 원), 총 230억 달러(약 27조 원)의 채권을 발행했다고 하는데, 사실 빚이 정확히 얼마인지 파악이 안 된 상태입니다.

더구나 230억 달러 중 나집 라작 전 총리와 그 일족이 이미 쓴 돈이 56억 달러(약 6조 6,000억 원)나 되고, 앞에서도 말했지만 채권을 발행했던 골드만삭스는 수수료를 6억 달러(약 7,100억 원)나 뗐다가 지금 소송이 진행 중이죠. 이와 관련된 아부다비의 국제석유투자회사도 골드만삭스를 상대로 뉴욕 대법원에 손해배상 청구소송을 걸었고요.

이렇게 해서 '강욕(强欲) 자본주의의 앞잡이'라고도 불려온 골드만삭스의 깊고 어두운 이면이 재판을 통해 폭로될 듯합니다. 말레이시아의 해안철도는 중국 입장에서 보면 처음부터 결국 말라카 해협의 대체 경로였어요. 그걸 예측하고 중국은 그 다음으로 태국의 끄라 운하로 손을 뻗치고 있습니다. 끄라 운하는 확실히 미심쩍은 부분이 있지만 새로 보위에 오른 마하 와치랄롱꼰 국왕이 적극적으로 나서면서 결국 군사 정권이 조사팀을 발족시키는 지경에 이르렀습니다.

새 국왕이 끄라 운하 건설에 적극적이라는 말이 돌자 태국 내의 경제계에서도 그동안 무시해왔던 프로젝트 구상을 함께해보려고 한 것입니다. 물론 중국이 태국 정·재계를 대상으로 적극적으로 사전 교섭을 해왔기 때문이겠죠.

끄라 운하는 태국의 지정학적 요충지로 유리해서 해양 항로 단축, 효율적 운반의 거점으로 유망하다고 평가됩니다. 만약 완성되면 말라카 해협을 우회할 수 있어요. 즉, 태국의 국익보다 중국의 국익에 더 큰 도움이 되죠. 말라카 해협을 대체하는 경로로, 가장 이득을 보는 나라는 중국입니다.

현재 말라카 해협을 통과하는 선박은 중국이 1위인데, 곧 통과량이 수용력을 초과할 것이 분명합니다. 그리고 20만 톤이 넘는 유조선은 말라카 해협을 통과할 수 없기 때문에 그 경우에는 롬복 해협으로 우회하고 있어요. 유조선 통과량은 수에즈 운하의 세 배, 파나마 운하의 1.5배입니다.

2018년 12월에 파리에서 개최된 '실크로드 세계 포럼'에 중국 정부는 의도적으로 태국을 초대하지 않았습니다. 이유는 끄라 운하 구상 프로젝트의 청사진에 대해 빨리 정리하라는 정치적인 압력을 노골적으로 넣고자 한 것이었어요. 하지만 태국 입장에서는 그다지 이득이 없어요. 게다가 운하가 건설될 경우 국토가 남북으로 분단되고, 경쟁 상대인 싱가포르로부터 미움을 살 수 있기 때문에 미온적인 태도를 보였어요.

태국의 끄라 운하 동쪽에 캄보디아가 있고, 캄보디아 콘 주에 전혀 개발되지 않은 해안선이 있어요. 좀 과한 생각일 수 있지만 중국이 캄보디아의 이 해안에 군항을 만들어 끄라 운하를 지나게 되면 군사 전략적으로 위협 가능성이 매우 커집니다.

TAMURA ___ 그 운하는 미얀마를 지나 벵골만으로 빠지는군요?

MIYAZAKI ___ 미얀마 운하는 이제부터 시작입니다. 지금 중국은 미얀마에서는 로힝야족 문제가 심각한 라카인 주 차우크퓨에서 경제 특구를 개발하고 있습니다. 예산을 3분의 1로 줄였지만 심해항인 차우크퓨에 면세 특구 공업단지를 만들고 고층 빌딩과 학교, 병원도 세우겠다는 계획으로 개발을 계속했어요. 그러나 미얀마 최대 도시인 양곤과의 접근성이 매우 좋지 않아요. 고속도로도 아직 없거든요.

그건 그렇다 치고 라카인 주는 알려진 바와 같이 이슬람계 소수민족인 로힝야족이 거주하는 곳이라 분쟁이 끊이질 않고 있어요. 2017년 8월 미얀마군의 소탕작전으로 로힝야족 약 70만 명이 캄보디아로 도망쳐 난민 생활을 하게 되었습니다. 현재 로힝야족이 미얀마로 돌아오기 시작했다고는 하지만 아직 본격적인 것은 아니에요.

로힝야족 박해로 국제적 비판을 받고 있는 아웅 산 수지는 불쾌한 심경을 드러내며 APEC에도 참석하지 않았어요. ASEAN에 참석하고 APEC에 참석하지 않고 돌아간 사람 중에는 아웅 산 수지 외에도 러시아의 푸틴 대통령과 중국의 리커창 총리 등이 있었습니다.

리커창은 싱가포르에서 개최된 ASEAN에만 참석하고, 파푸아뉴기니에서 개최된 APEC에는 시진핑이 참석했어요. 러시아에서는 푸틴 대통령 대신 메드베데프 총리가 참석했죠. 미얀마는 2018년까지는 틴쩌라고 하는 대통령, 이후 윈 민이라고 하는 대통령이 정권을 잡고 있어요. 하지만 대통령보다는 아웅 산 수지가 외무 장관과 대통령부 장관을 겸하며 총리 대우를 맡아 대외 활동을 하고 있어요. 사실은 헌법으로 보장된 권한은 아무것도 없는데 나라의 얼굴 역할을 하고 있는 거죠.

아웅 산 수지는 친중파도 무엇도 아니에요. 미얀마는 중국과 밋송댐 건설을 두고 서로 싸우고 있었어요. 이 댐 건설에는 중국인 노동자들이 투입되고, 생산된 전력의 90퍼센트는 중국으로 송전된다는 일방적인 계약 때문에 미얀마는 댐 건설을 중단하기로 결단했어요. 그래서 계속 사이가 안 좋았는데, 로힝야족 문제로 미얀마가 갑자기 고립되자 중국이 접근해 왔던 거죠. 중국은 세계에서 유일하게 미얀마의 주장이 옳다며 옹호했어요. 그리고 미얀마에 항만 개발에 대해 제안했어요.

방글라데시도 인도의 보호국으로 인도 눈치를 살펴야 하는 상황에서도 현재 중국을 떠받들고 있습니다. 지금 5만 개 정도의 중국 섬유 회사가 방글라데시에 들어갔는데, 재봉사만 100만 명을 고용하고 있다고 하니 그 규모가 어마어마하죠.

그리고 방글라데시 다카에서부터 남동부 해안의 치타공까지는 항만 개발이 계획되어 있어요. 국제 입찰을 했지만 결국 중국 기업이 낙찰되었어요.

네팔도 이와 비슷해요. 네팔은 사실 인도의 보호국인데, 중국 돈을 있는 대로 끌어다 쓴 데다 마오이스트(마오쩌둥주의파)가 정권을 잡고 있습니다. 2018년 12월, 중국은 네팔에 카트만두의 교통 완화를 위해 모노레일 건설을 제의했습니다. 이렇게 되면 남아시아에서 유일하게 인도와 우호 관계를 유지하고 있는 나라는 부탄뿐입니다. 하지만 부탄은 인구가 70만 명이 채 안 되는 나라죠.

중국의 아프리카 침공은
과연 성공할 수 있을까?

MIYAZAKI 이번에는 아프리카에 대해 설명하겠습니다.

트럼프 대통령의 보좌관이었던 존 볼턴은 재임 시 헤리티지 재단에서 강연하며 일대일로 사업을 통한 중국의 아프리카 침공에 대해 주의를 환기시켰습니다.

그는 "중국 채무의 덫에 빠져 이미 변제할 수 없을 정도로 큰 빚을 진 나라들이 눈에 띈다. 특히 군사기지를 건설한 지부티와 도시를 통째로 만들어준 앙골라 등 아프리카와 중국의 무역은 이미 1,700억 달러(참고로 미국은 330억 달러)[3]에 달하며, 2007년

---

3 약 197조 3,700억 원(38조 3,000억 원)

이후 아프리카로의 진출은 여느 옛 종주국들을 합쳐놓은 것보다 중국이 많다"라고 했습니다. 볼턴은 "중국은 일대일로 개발 사업과 관련해서 향후 3년 안에 600억 달러(약 71조 원)를 아프리카 여러 나라에 투자하겠다고 발표했다. 러시아와 마찬가지로 무기, 에너지 등의 교역을 통해 UN에서의 표를 산다"라고 덧붙이기도 했습니다.

이 강연에서 볼턴이 특히 문제로 삼은 것은 지부티입니다. 중국은 미군기지 바로 옆에 군사기지를 조성해서 이미 1만 명에 가까운 인민해방군을 주둔시키고 있는데, "만데브 해협부터 홍해 경로는 수에즈 운하를 넘어 유럽으로 가는 중대한 해로이며, 이 경로의 안보가 중국의 위협에 노출된 것이 현실이다"라고 경고했습니다.

구체적으로 중국은 마다가스카르까지 진출해 느닷없이 어업에 필요한 현대 어선 330척을 투입한다고 했어요. 민간 기업과 이뤄진 이 협약은 마다가스카르의 대통령이 관여한 사실이 밝혀지면서 스캔들로 발전했습니다.

마다가스카르는 아프리카 대륙의 동쪽에 있는 모잠비크로부터 400여 킬로미터 떨어져 있는 섬입니다. 섬이라고는 하지만 세계에서 네 번째로 큰 섬이고, 인구는 2,200만 명이 넘습니다. 대부분의 국민은 하루 2달러로 생활하는 최빈국이며, 한때 프랑스의 식민지였습니다.

갑자기 이 나라가 주목 받기 시작한 것은 TV 여행 프로그램에서 마다가스카르의 자연을 소개하면서부터입니다. 마다가스카르에만 있는 베록스시파카라고 하는 옆으로 뛰는 원숭이, 여우원숭이 등 희귀 동물과 초대형 버섯처럼 생긴 나무들이 군생하는 정글은 사람들의 호기심을 자극했고 한번쯤 가보고 싶게 만들었습니다. 정치·경제적으로는 마다가스카르산 코발트 때문에 주목 받기 시작했습니다.

주요 부족만 열여섯 부족인 이 나라는 정세 불안, 기능하지 않는 정부, 헌법을 무시한 정권 교체 등 요컨대 법치주의가 무엇인지 모르는 사람들이 통치하고 있습니다. 지리학적으로는 기원전 아프리카 대륙에서 찢겨 나오고 인도아대륙에서 떨어져 나와 외딴섬이 되었고, 외부 세계와의 교류가 적었기 때문에 자연 환경이나 자라는 동식물도 독자적입니다.

해안 지역에서는 카누를 개량한 작은 배를 타고 원시적인 형태의 어업을 하며 살았습니다.

중국이 현대 어선 330척을 마다가스카르에 투입한 총액 27억 달러(약 3조 2,000억 원)의 어업 협정은 마다가스카르 정부가 아니라 민간 기업과 중국 정부 사이에서 이뤄졌습니다. 그런데 미심쩍은 것은 당시 그 기업의 사장이 헤리 라자오나리맘피아니 대통령의 아들이라는 것이었습니다. 누가 봐도 이상한 상황이었죠. 게다가 이 협정에 마다가스카르 정부의 어업성은 전혀 관여하지 않았어요. 민간 기업이었지만 공기업 느낌을 풍기는 이 기업의 이름은 '마다가스카르 경제발전추진사'였는데, 실체는 명확하지 않습니다.

서명식은 2018년 9월 5일 베이징에서 이뤄졌는데, 헤리 라자오나리맘피아니나 대통령의 모습이 담긴 서명식 사진이 공개되면서 여론이 들끓었습니다. 이 사진이 미디어에 보도되자 대통령은 '나는 모른다. 나는 관여하지 않았다'라며 어처구니없는 변명을 늘어놓았지만, 그로부터 이틀 후에 사임했습니다. 이후 그는 2018년 말에 치러진 대통령 선거에 출마해 높은 지지율을 유지했지만, 역시 어업협정과 관련된 스캔들 때문인지 대통령 결선 투표에서 젊은 안드리 라조엘리나(전 안타나나리보 시장)에게 당선의 기쁨을 내주었습니다.

중국이 현대 어선을 대량으로 파견해서 어업을 하면 마다가스카르의 어업 자원은 남아나는 게 없게 됩니다. 지역 어민들은 엔진도 없는 소형 보트로 연해에서만 조업을 할 수 있는데, 중국의 어업 침략이 시작되면 어민들은 얼마 버티지 못하고 실업자가 되게 됩니다. 그렇지 않아도 지역 주민들은 북부에 정착한 화교들 때문에 중국인을 싫어하는데, 어업 침략까지 당하게 생긴 겁니다.

《아시아 타임스》에 따르면 이 일을 추진하는 것은 민간 어업, 선박, 항만개발 등 일곱 개 분야로 이뤄진 아직 특정할 수 없는 중국 기업인데, 처음 3년 동안 7억 달러(약 8,300억 원)를 투입해서 항만을 정비하고 어장을 조사 관측해서 보랭(保冷) 창고와 수출 설비를 조성하고, 지역 어민도 1만 명 고용한다는 장밋빛 청사진을 제시했습니다.

그 후 전체 길이 14미터의 현대 어선에는 보랭 설비를 내장하고 트롤링낚시 방식으로 효율을 올리겠다고 했습니다. 그런데 안 그래도 중국은 일본이며 아프리카 바다까지 휩쓸고 다니면서 물고기와 산호를 송두리째 훔쳐가고 있어요. EU위원회의 보고에 따르면 2017년에만 250만 톤의 어패류를 잡았답니다. 그런 중국이 마다가스카르의 EEZ(배타적경제수역)에서 합법적으로 활동할 수 있게 되면 그 넓은 마다가스카르 바다 생태계도 변화되고 말 것입니다.

마다가스카르에서는 미국이나 유럽의 자연환경보호단체가 많이 활약하고 있는데, 그들은 중국이 진출한다면 이는 곧 자연 파괴로 이어질 것이라며 우려를 표명했습니다. 마다가스카르에서도 친중파 정치인들의 입장이 뒤집힌 것입니다.

최근 우간다에서는 중국 기업에 대한 습격 사건이 자주 발생하고 있습니다. 수도 캄팔라에서 50킬로미터 떨어진 지점에서 수력발전 프로젝트를 추진하던 중국 기업의 사무소에 강도가 들어 현금 9,400달러(약 1,000만 원)와 컴퓨터를 훔쳐간 적도 있는데, 경비를 서고 있던 사람들은 전혀 쓸모가 없었습니다.

중국의 민간 기업이나 중국인을 노린 강도 사건은 우간다에서 지난 몇 개월 동안 빈번하게 발생했는데, 무장을 하고 금품을 요구하고, 때로는 해당 건물의 경비원과 짜고 습격하거나 전 종업원이 얽힌 사건이 많다고 합니다(《사우스차이나 모닝 포스트》). 우간다는 아프리카 중에서도 치안이 비교적 좋다고 알려진 나라인데, 고용 기회가 적고 국민을 먹여 살릴 만한 산업이 거의 없으며, 정부 고위 관료들의 오직(汚職), 공무원들의 부패가 만연한 데다 외국 기업의 진출을 둘러싼 뇌물 문제 등으로 국민의 정치에 대한 불신이 높습니다.

중국은 일대일로 프로젝트의 일환으로 우간다에 도로와 발전소 건설을 제안하고 건설 노동자들을 파견했습니다. 그와 관련해 중국의 민간 기업들도 공장을 건설했는데, 강도단이 그들을 노렸던 것이죠. 이에 중국 정부는 우간다 정부에 군대와 경찰의 보호를 요청했어요. 우간다 정부에 보호를 요청한 가장 큰 이유는 민간 경비업체를 믿을 수 없기 때문이에요. 실제로 경비원이라고 해도 전투 훈련을 받은 적도 없고, 경비 방법도 몰라서 강도단이 들면 그들을 안내해주는 꼴이라고 합니다. 중국은 일대일로 개발 사업을 하면서 목숨까지 걸어야 하는 상황입니다

CHINA
ECONOMIC COLLAPSE

—

4

시진핑과 그의 부하들은
능력이 있기는 한 걸까?

절대 권력을 갖고도
점점 궁지에 몰리고 있는 시진핑

MIYAZAKI　　　시진핑은 2018년 3월 중국 국회에 해당하는 전국
인민대표대회(전인대)에서 주석의 임기를 무제한으로 연장하
며 '종신 황제'의 지위에 올랐습니다. 전국인민대표대회에서
당 간부들이 시진핑을 '핵심'이라고 극찬한 것은 그를 황제라
고 인정했다는 뜻이었습니다.

시진핑은 '중화민족의 위대한 부흥', '중국몽' 등의 온갖 미사여
구를 사용하고 있지만, 실제로는 격렬한 권력 투쟁을 전개해 나
가고 있습니다. 문제는 그의 강성 이미지는 덩샤오핑을 능가하
며 마오쩌둥과 어깨를 나란히 할 만하다는 말을 들을 정도라는
겁니다. 게다가 덩샤오핑의 유훈이기도 했던 '도광양회(韜光養

晦)'¹를 내팽개치고 남중국해 등에 대한 영토적 야심도 숨기지 않고 있습니다.

중국의 지도자가 기존의 '도광양회'의 의미를 조금씩 바꿔 사용하기 시작한 것은 2007년 후진타오의 연설에서부터였습니다. 하지만 그때는 아무도 눈치채지 못했어요. 2008년 베이징 올림픽을 성공시켜야 한다며 슬그머니 드러냈기 때문입니다.

2012년 가을 총서기가 된 시진핑은 2018년 이후 거의 독재라고 해도 좋을 정도로 최고 권력자가 되었어요. 그러나 그 강권 정치에 대한 반발도 매우 커져서 사회 불안이 심화되고 있죠.

거기에 미·중 무역 전쟁이 발발했으니 시진핑에게는 엄청난 타격이었을 겁니다. 시진핑은 트럼프가 중국에 대해 이렇게까지 강경하게 나올 것이라고는 예상하지 않았겠죠.

시진핑의 입장이 매우 난처해졌습니다. 그 이유는 무엇보다 시진핑의 부하들은 대부분 무능력한 사람들뿐이라는 겁니다. 더구나 중앙위원회의 핵심이라 할 수 있는 정치국에는 목숨 걸고 시진핑을 감싸줄 인재가 없죠. 시진핑이 종신 황제가 되었음에도 대미 협상의 전면에 그가 직접 나서야 하는 데는 이런 사정도 있습니다.

---

1 《삼국지연의》를 통해 알려진 말로, '자신의 재능을 숨기고 실력을 기르며 때를 기다린다'는 뜻. 유비가 스스로를 낮추어 조조의 식객을 자처하며 그의 경계심을 약화시키고 때를 기다렸던 것에서 유래

경제 담당 부총리 류허와 전략 담당 보좌관 격인 왕후닝이 있지만 그들은 학자라서 강력한 정치력은 기대할 수 없습니다. 그래서 한때는 중요한 회의인데도 서열이 낮았던 한정까지 나오게 되었죠.

아무튼 지금은 미·중 무역 전쟁의 책임을 누가 지느냐 하는 분위기예요. 먼저 왕후닝이 규탄을 받았고, 그 후 시진핑은 류허를 실각시키고 위기에서 벗어나려 했어요. 중국은 전·현직 수뇌부가 매년 여름 허베이성 보하이만(灣)에 위치한 휴양지 베이다이허에서 피서를 겸해 비밀회의를 개최해요. 그런데 2018년 여름에 열린 베이다이허 회의에서 평소 잔소리가 많던 원로들이 시진핑을 심하게 규탄하지 않은 거예요. 그 덕에 류허는 살아남았어요.

생각해보면 원로라고 해도 다들 시청각 기능이 떨어지고 보행이 불편한 사람들뿐이라 앞장서서 시진핑을 규탄할 사람은 없었을 거예요. 중국 지도부도 점점 고령화되고 있어요.

그 자리에 장쩌민은 참석하지 않았다고 합니다. 장쩌민의 보좌역이던 쩡칭훙도 출석하지 않은 것 같아요.

지금 중국 권력층의 파벌 싸움에서는 한마디로 장쩌민파가 엄청 당하고 있습니다. 인터폴 총재였던 멍훙웨이가 체포되는 등 최근 나온 스캔들 대부분이 장쩌민파가 중심에 있어요. 드러내놓고 파벌 싸움을 하는 건 아니지만 뒤에서는 파벌이 상당히 영향을 미치고 있는 겁니다.

TAMURA _____ 배우 판빙빙이 재산을 불리는 데 도움을 준 인물이 바로 쩡칭훙의 동생 쩡칭화이라는 인물입니다. 쩡칭화이는 장 쩌민과 자기 형의 힘을 이용해 한때 중국 연예계의 큰손으로 군림했었어요. 그러니 판빙빙과는 당연히 친했겠죠. 쩡칭화이 는 홍콩을 거점으로 중국 영화 프로덕션을 경영하고 있었는데, 영화 제작 경비를 처리하는 과정에서 자금 세탁과 탈세를 도왔 다는 의심을 받은 거죠.

MIYAZAKI _____ 쩡칭훙 덕분에 시진핑은 주석이 되었는데, 이후 시 진핑에 의해 쩡칭훙이 제거됐으니 인생이 참 아이러니하죠.

TAMURA _____ 아무튼 시진핑은 모든 것에 통제를 강화해야 한다 는 식으로 나아가고 있습니다. 그런데 시진핑이 모든 권력을 장 악하고 있으니 반발이 꽤 있겠죠?

MIYAZAKI _____ 정보를 한 손에 쥐고 있는 것은 시진핑이고, 다른 상 무위원들에게는 그다지 알려지지 않았어요. 상무위원회는 한 달에 두 번 열리지만 아침부터 밤까지 회의를 해도 공유하는 정보가 한정될 겁니다.

경제 분야에 있어서도 시진핑은 '경제소조'라고 하는 조직을 네 개 정도 만들어서 실권을 잡았어요. 그런데 결국 모두 기능을 상실하고 말았죠. 군 개혁도 마찬가지입니다. 해방군을 7대 군구에서 5대군구로 바꾸고 4대 총부(총정치부, 총참모부, 총장비부, 총후근부)를 열다섯 개의 부서로 분해했는데, 재편하자마자 뭘 해야 할지 모르게 되어 지금 군은 거의 통제되지 않고 있습니다.

경제소조를 만든 이유는 무엇일까요? 리커창에게서 경제 정책을 다 빼앗으려고 한 겁니다. 그런데 실패한 거예요. 리커창은 싱글벙글 웃을 수밖에요. 2015년 건국기념일에 시진핑은 군사 퍼레이드 행사를 하면서 리커창에게 사회를 보게 했어요. 총리에게 사회를 맡긴 거예요. 게다가 TV에 리커창이 최대한 나오지 않게 하라고 명령을 내렸어요. 그런데 지금은 리커창이 국제 무대에 모습을 확실히 드러내고 있죠. 독일에 방문해 메르켈 총리와 회의를 하기도 했어요. 독일은 리커창이 전담하고 있습니다. 중·일 정상회담 전에도 일본에 와서 아베 총리와 사전 조정을 했습니다.

TAMURA_____ 내분이 당 안에서 권력 투쟁으로 발전해 표면화되면 확실히 공산당 소속인 리커창이 힘을 얻게 될 겁니다.

사중전회 개최를 미룬
시진핑의 진짜 속내

TAMURA _____ 원래대로라면 2018년에 열렸어야 했던 중국 공산당 중앙위원회 전체회의(사중전회)가 열리지 않았습니다. 그래서 다들 의아해 했죠.

MIYAZAKI _____ 그렇죠. 보통은 베이다이허 회의가 끝나고 9, 10월경에는 열렸죠. 가장 큰 문제는 미·중 무역 전쟁의 흐름을 알수 없게 된 것이죠. 게다가 시진핑은 꽤 궁지에 몰린 상태라 그런 상태에서 사중전회를 개최하면 해임당할지도 모른다고 여기고 있어요.

실제로 몇 해 전 시진핑이 남아프리카를 순방하고 있을 때 당 내에서 불온한 움직임이 있었어요. 중국 내에 있을 때 정변이 일어나면 안 되니 이유도 없이 해외 순방을 이어갔죠. 2018년 11월 ASEAN, APEC 이후 필리핀에 갔고, 그 후에는 브루나이, 스페인을 차례로 방문하는 등 외유에만 열심이었습니다. 사실 정말 사중전회를 열고 싶지 않았던 거죠. 이는 공산당이 시작된 이래 처음 아니었습니까? 반드시 개최해야 한다는 규칙이 있는 것은 아니지만 지금까지 계속 관례적으로 해왔던 일이라 정말 이례적인 사태였습니다.

원래 중앙위원 입장에서는 1년에 한두 번 모이는 전체회의가 가장 중요해요. 전체회의에 참석하지 않으면 중앙위원을 왜 하고 있는지 알 수가 없는 거예요. 공산당 당원 8,000만 명 중 최고위원은 205명뿐이니까요. 그런데 그마저도 안 부른다면 존재 이유가 문제시됩니다.

TAMURA ___ 사중전회에서는 다음 해 3월에 개최하는 전국인민대표대회에 내걸 경제 등 전체 정책에 대해 결정해야 합니다. 매우 중요한 회의인 것입니다.

MIYAZAKI ___ 그런데 해를 넘기고 말았죠. 이렇게까지 미·중 대립이 뚜렷해지고 중국 경제 성장도 주춤해지면 여태껏 해온 대로 반부패 정책을 밀고나갈 수 없는 상황이 됩니다.

여기서 덩샤오핑의 장남인 덩푸팡이 "중국은 분수를 알아야 한다"라며 간접적으로 시진핑을 비판한 일이 큰 화제가 되었습니다. 이 발언은 덩푸팡이 집안 모임에서 한 발언이었는데, 한 달쯤 지나 외부로 유출되었고, 그게《사우스차이나 모닝 포스트》에 실렸어요.

2018년 일본 아베 총리가 중국을 방문했는데, 원래 계획보다 며칠 연기해 방문한 일이 있습니다. 이는 시진핑이 중·일 정상회담을 앞두고 갑자기 시진핑판 남순강화를 했기 때문입니다. 시진핑은 덩샤오핑을 모방하듯이 선전, 광저우, 주하이를 돌며 공장 시찰과 연설을 했고, 급기야 홍콩, 주하이, 마카오를 연결하는 전체 길이가 55킬로미터나 되는 강주아오대교 개통식에 참석하고 그 이튿날 아베 총리를 만났습니다.

덩샤오핑의 아들은 거기에 화가 난 겁니다. 즉, 진짜 남순강화는 1992년 자신의 아버지인 덩샤오핑이 했다고 말하고 싶었던 거죠. 그러나 시진핑은 각지에 있는 개혁개방기념관에서 덩샤오핑의 부조를 전부 치워버렸어요. 마오쩌둥과 시진핑 두 사람의 초상만 전시했으니 매우 노골적으로 덩샤오핑을 배제한 거라 여길 수밖에요. 당연히 기분이 나빴을 거예요. 도대체 시진핑이 무슨 속셈으로 그러는 건지 매우 의아했을 겁니다.

이대로 가다가는 머지않아 중국 지폐에 시진핑의 얼굴이 새겨질 수도 있을 것 같네요. 100위안짜리 지폐에는 마오쩌둥의 얼굴이 그려져 있으니 시진핑은 50위안짜리 지폐가 되겠죠. 그런데 그렇게 되면 정말로 폭동이 일어날지도 모릅니다.

시진핑 독재 체제에 대한 반감,
언제까지 묶어둘 수 있을까?

TAMURA _____ 중국의 디지털 제국주의는 대단한 기세를 보이며 진행 중입니다. 전자결제 시스템 알리페이 등이 보급되면서 당국은 개인의 자금이 어떻게 흘러가는지도 전부 알 수 있는데, 그야말로 조지 오웰이 《1984》에서 예언한 완전한 감시 사회와 다름없습니다.

그렇지만 생활수준만 유지되면 중국 공산당 독재 체제라도 좋다는 것이 중국인들의 공통적인 생각입니다. 서양식의 자유는 바라지도 않습니다. 그런 인식은 지식인층도 마찬가지예요. 그런데 최근에는 조금씩 불만이 쌓이고 있나 봅니다.

MIYAZAKI _____ 중국 당국의 감시 강화로 웨이보 같은 SNS에 자유롭게 글을 쓰지 못하는 상황까지 와서 젊은 층 사이에서는 불만의 목소리도 나오고 있습니다. 인터넷이 이렇게까지 발전했는데, 정책은 과거로 돌아가고 있으니 말이지요.

시진핑이 2018년 3월 전국인민대표대회에서 주석의 임기를 무기한 연장하며 스스로 종신 황제가 되었을 때 젊은 층 사이에서는 뒤로 물러나는 동영상이 인터넷에서 유행했습니다. 필름을 거꾸로 돌리는 것 같은 느낌이 드는 영상이었습니다. 이 영상과 함께 사람들은 시진핑의 독재 체제는 시대착오적이며, 퇴보라고 비판했습니다. 그런데 시진핑 본인은 그 의미를 처음에는 몰랐던 모양이에요. 얼마 후에 자신을 풍자한 것이라는 사실을 알았는지, 인터넷에서 그 동영상을 전부 삭제하도록 했습니다.

그러자 다음에 나온 것이 '곰돌이 푸'였어요. 애니메이션 주인공 푸의 체형이 시진핑과 닮았기 때문이었는데, 이 역시 인터넷에서 전부 사라졌습니다.

중국은 한 아이 정책을 펼쳐왔기 때문에 요즘 젊은 사람들 대부분이 '소황제'로 자랐어요. 이런 젊은 사람들에게는 지금까지 허용되던 범위 내에서의 자유도 누리지 못한다는 데 대한 불만이 꽤 많은 것 같습니다. 특히 통신상의 자유를 제약하니 더 그렇겠죠.

TAMURA _____ 인민해방군의 경우 인원 삭감을 한 데 이어 또 삭감을 하자 군인들의 불만도 높아졌어요. 바이다러우라고 하는 국방부의 중요 시설에 퇴역 군인들이 모여 조직적으로 불온한 움직임을 보이기도 했습니다. 시진핑이 온갖 방법을 동원해 감시를 강화하려고 했지만, 그들의 움직임을 막지는 못했어요.

MIYAZAKI _____ 아무리 디지털 감시 사회지만 각자 기차표를 사서 각지에서 올라온 퇴역 군인들의 동태까지 미리 파악할 수는 없었을 겁니다. 개개인을 요주의 인물로 삼지는 않기 때문이었죠. 중국의 인민해방군은 퇴역 군인만 5,700만 명 정도 되는데, 지금까지 그들에게 딱히 불만이 없었던 이유는 군인연금으로 생활을 유지할 수 있었기 때문입니다. 그런데 물가가 상승하면서 여기저기서 불만이 터져 나오기 시작했어요.

퇴역 군인 5,700만 명 중 500만 명은 경비회사가 흡수했고, 또 민간 경비회사인 중국판 블랙 워터가 생기면서 해외에 있는 중국 기업의 경비를 맡았어요. 하지만 기껏해야 1,200~1,300명 정도밖에 안 돼요. 그밖에도 개인 택시나 개인 트럭 등을 모는데, 이번에는 그게 정규 트럭 운전수의 고용을 위태롭게 해 2018년 가을에는 트럭 운전수들이 불법 파업에 나섰습니다.

젊어서 퇴역해 직업이 없는 군인 출신이 우글우글하다는 소립니다. 그들은 무기 사용 방법을 알고 있고, 전투 훈련도 받았죠.

그런 그들이 폭동을 일으키거나 데모를 하게 되면 군인이 투입되겠죠. 그러면 성가신 일이 일어날 겁니다. 무엇보다 현역 군인들이 자신의 선배들을 과연 쏠 수 있을까요? 아마 쏘지 못할 겁니다. 그래서 지금 중국 공산당은 이 군인들의 불온한 움직임을 가장 경계하고 있어요.

중국 인플레이션 징후에
세계가 떨고 있다

MIYAZAKI _____ 다른 이야기지만 중국 용병 비즈니스에 대해 잠깐 다뤄볼까 합니다. 지금 중국에서는 전쟁 청부 기업, 즉 용병 비즈니스가 급성장하고 있습니다.

미국의 블랙 워터는 너무나도 악명이 높죠. 노스캐롤라이나 주에 있는 7,000에이커나 되는 사유지에서 사격 훈련부터 전투, 무술, 게릴라 대항 훈련 등을 거친 용병을 세계 각지의 전쟁터로 파견하고 있어요. 이곳의 간부는 대부분 미국 해군 특수부대 출신입니다. 그밖에도 퇴역 군인이나 무기 전문가가 업무에 관여하며, 로켓 발사대부터 독자적인 무장 헬리콥터도 보유하고 있어요. 말하자면 '민간 부대'입니다. 미국은 부족한 병력을 그런 군사 전문가들로 보완하고 있어요.

이라크 전쟁 시에도 블랙 워터에서 수많은 '사원'이 파견되어 전쟁터에서 활약했고, 일본의 미사일 방어망 경비에도 100명이 배치되어 있습니다.

그럼 중국판 블랙 워터는 어떨까요?

인민해방군은 235만 명이었는데, 시진핑은 그중 부정부패를 저지르거나 기강이 해이한 군인 약 30만 명을 해고했습니다. 이렇게 해고된 군인들과 경비회사로 흡수됐던 퇴역 군인들이 중국판 블랙 워터를 설립해 미국에 지도를 청하며 급속도로 두각을 나타내기 시작했어요. 현재 중국에는 군사 청부 기업이 무려 5,000개사나 되는데, 고용된 사람만 500만 명이라고 합니다.

해외 파견지는 신 실크로드 사업이 진행되는 지역 중 충돌, 분쟁이 끊이지 않는 파키스탄, 이라크, 수단 등입니다. 대표적인 기업은 COSG(중국해외시큐리티그룹)인데, 2016년에는 수단, 파키스탄, 터키, 모잠비크, 캄보디아, 말레이시아, 태국으로 파견되었어요. COSG의 한 간부는 "지난 8년 동안 COSG에서는 60개국에 직원들을 파견했다"며 큰소리를 쳤습니다. 특히 중국인 유괴, 살인 사건이 자주 발생하는 파키스탄에는 중국인 노동자가 약 3만 명 정도 나가 있고, 3,000킬로미터에 달하는 원유·가스 파이프라인과 고속도로, 철도 부설 공사가 이뤄지고 있는데, 이 현장들을 순찰합니다.

원래는 경비가 주요 업무였으나 곧 은행이나 빌딩의 야간 관리는 물론, 안전 및 해외 프로젝트 보안 업무로 급속하게 확대되었습니다. 시진핑의 신 실크로드 사업에 동반해 해외로 진출한 중국 기업 약 1만 6,000개 중 위험지역에 진출한 기업의 안전을 이 중국 군사 청부 기업에서 담당하고 있고, 그렇게 파견된 인원만 3,200명이라고 합니다.

시진핑 정권은 변호사들을 일제히 검거했는데, 200명 정도가 옥중에서 전향을 했습니다. 아직 버티고 있는 사람도 있지만 몇 명 안 남았습니다.

시진핑을 비판하는 책을 취급한 홍콩에 있는 퉁뤄완 서점의 사장도 중국 당국에 체포되어 억류되었다가 풀려났습니다. 그가 풀려날 수 있었던 것은 그의 국적이 스웨덴이었기 때문으로, 스웨덴 정부가 개입하자 중국 정부도 석방할 수밖에 없었을 것입니다. 하지만 언론 활동은 더 이상 할 수 없게 되었고 퉁뤄완 서점은 문을 닫은 상태이며, 일부 직원들은 대만으로 이주하려 한다고 하더군요.

그런데 만약에 지금 중국에서 폭동이 일어난다면, 그 가장 큰 계기는 무엇일까요? 예를 들면, 부동산이 폭락한다든가 하면 그것을 정부 책임으로 돌려 여기저기서 일제히 폭동이 일어날 수도 있지 않을까요?

TAMURA _____ 저는 부동산 가격 하락으로 중국 경제가 무너질 가능성은 그다지 높지 않다고 생각합니다. 부동산 가격이 떨어지면 중국 정부가 금융을 완화해 다시 활성화시키기 때문입니다. 상하이와 베이징의 중심부는 오히려 올라가고 있다고 하잖아요?

MIYAZAKI _____ 어느 나라든 상징성이 있는 중요한 곳은 떨어지지 않아요. 떨어진다면 극히 일부일 뿐이죠. 하지만 나머지 지역의 경우는 가격 변화랄까, 시장 동향을 속여서 발표하고 있어요. 실제 거래 금액과 신고 금액이 다른 거죠. 표면적으로 가격이 폭락하지 않은 것은 모두가 함께 조작하고 있기 때문이 아닐까 하는 의심이 듭니다. 그렇지 않다면 정말 이상하거든요.

TAMURA _____ 실제로 부동산 시세가 전반적으로 점점 떨어지고 있다는 것은 중국식 자본주의가 잘 돌아가고 있지 않다는 증거이기도 합니다. 하지만 이것은 자산 경제에 관한 이야기고, 실체 경제 관점에서 생각해보면 인플레이션의 영향이 더 클 것입니다.

제가 주목한 것은 반복해서 말하지만, 달러의 지원이 없는 위안화가 자꾸 발행돼서 지금은 그 규모가 30퍼센트에 달한다는 거예요. 하지만 최근 들어 외화 자산이 점점 줄어들고 있기 때문에 그 비율은 더 높아지겠죠.

그래서 금융은 흔들릴 수밖에 없습니다. 돈은 발행해야 해요. 돈을 계속 쥐어짜면 앞에서 설명한 융자평대의 그림자금융이 줄어듭니다. 그렇게 하면 중소기업 등은 점점 도산하게 되고, 지방에서는 돈이 움직이지 않게 되죠.

위안화를 계속 발행해서 융자를 기존처럼 늘려간다면 어느 시점에서는 인플레이션이 될 것입니다. 그것은 통화가치 하락을 뜻하니까요. 중국 공산당이 달러 준비금을 보유하기 시작한 이유는 위안화에 대한 중국 국민들의 신용이 달러 자산으로 담보되었기 때문입니다. 이 달러의 비율이 내려가서 50퍼센트를 끊고 30퍼센트를 끊게 되면 인민은행의 자산 가치가 악화돼서 채무 초과가 되고, 위안화는 신용을 잃게 돼요. 인플레이션이 더 악화되고 서민들의 생활이 팍팍해지면 도심을 중심으로 불만이 표출되게 되죠. 천안문 사태 무렵의 물가에 가까워지게 되는 겁니다.

천안문 사태가 일어난 원인 중 하나로 높은 인플레이션을 들 수 있어요. 그때 두 자리까지 가지는 않았지만 인플레이션 비율이 꽤 높았습니다. 지금은 중국 위안화의 신용이 자꾸 흔들리고 있어요. 그건 최근 늘어나고 있는 자본도피가 증명합니다.

이것이 실체 경제로 나타났을 때가 가장 무서워요. 인플레이션으로 가장 타격을 받는 것은 농민을 포함한 중산층 이하의 사람들입니다. 그리고 취직하지 못한 젊은 층과 연금 생활자, 퇴역 군인인데, 아직까지 인플레이션 비율은 3퍼센트 정도밖에 안 돼요.

트럼프의 제재로 콩에 25퍼센트의 높은 관세가 부과되었어요. 브라질 등에서 대체품이 들어왔지만 중국의 콩 수요량 중 미국산이 30퍼센트를 차지했던 터라 그 여파가 꽤 컸죠.

또한 금융으로 인해 물가는 많은 영향을 받게 되죠. 그렇게 되면 매우 위험해져요. 불량 채권을 계속 숨기는 경우도 있고, 중국의 금융시장과 재무제표는 불투명하고 내용을 파악하기 어렵기 때문에 거기서 위험을 감지하기는 쉽지 않아요. 그런데 그보다 더 드러나지 않는 것은 인플레이션입니다. 오히려 전 세계가 그것을 두려워해요. 2020년에 중국에서 인플레이션이 정말로 발생하면 그때는 세계 경제가 크게 동요하게 될 것입니다.

MIYAZAKI _____ 미·중 무역 전쟁이 발발한 이후 중국에선 돼지고기 값이 40퍼센트나 올랐습니다. 돼지 사료로 사용하는 콩에 고액의 보복 관세를 부과했기 때문입니다. 그런데 중국 정부에서 돼지고기에 보조금을 지원해서 아직 소비자의 불만이 나올 정도까지는 아니에요. 한편, 파산하는 양돈업자는 빠르게 늘어나고 있는 상태입니다.

돼지고기 다음으로 물가가 치솟은 것은 휘발유입니다. 프랑스에서 마크롱 정권에 대한 대규모 데모가 자주 일어났는데, 이 것도 지구온난화 대책을 위해 석유 상품에 세금을 부과해 가격이 오른 것이 큰 요인이 되었습니다. 국제 유가는 2019년 1월 현재 배럴당 50달러대였는데, 한때 100달러까지 뛸 수 있다는 우려와 달리 꽤 많이 떨어졌고, 또 위안화가 아직 강세라서 휘발유 가격은 억제할 수 있어요. 하지만 위안화가 싸지고 원유가 비싸지면 휘발유 가격이 급등하게 될 거예요. 돼지고기 보조금을 더 이상 지원하지 못하게 되는 시점이 오면 그것이 하나의 임계점이 될 겁니다. 그 시기가 언제일지는 알 수 없지만 위안화 환율 저하가 그 계기가 될 것이라고 봅니다.

저는 물가를 제1물가와 제2물가로 나누는데, 부동산은 제2물가에 해당합니다. 제1물가의 일반 물가는 상승하는 분위기지만 부동산 물가는 하락세를 기조로 해서 현재는 알맞게 조정되어 있어요. 그런데 위안화에 대한 달러 환율이 급격하게 떨어졌을 때는 단번에 인플레이션이 될 것으로 예상합니다.

TAMURA ———— 인플레이션과 위안화 하락은 연동돼요. 인플레이션이 심해지면 위안화는 급격하게 해외로 빠져나가서 위안화 가치 하락과 자본도피로 이어질 겁니다. 지금 시진핑은 그걸 억지로 묶어놓고 있는 겁니다.

이 인플레이션이 중국인들의 불만을 폭발시키는 기폭제가 될 수 있어요. 앞에서도 말한 것처럼 천안문 사태도 인플레이션과 관계가 있었어요.

아파트를 두세 채 보유하고 있는 도시에 사는 중산층들은 확실히 현재의 생활에 만족하고 있어요. 하지만 지방 농민과 취직하지 못한 젊은 층들의 문제는 해결되지 않고 있죠.

중국 경제는 고정 자산 투자 확대로 성립되어 있기 때문에 가진 자와 갖지 못한 자 사이의 자산 격차가 어떻게 해도 커지게 돼 있습니다. 빈부 격차에 대해 말하자면, 아마 인구의 10퍼센트 정도가 전체 부의 대부분을 차지하고 있을 거예요. 베이징대학교에서 발표한 '중국 민생발전보고 2014'에 따르면 2012년 지니계수는 0.73으로, 1퍼센트의 부유층이 중국의 전체 재산 중 3분의 1을 차지하고 있습니다.

MIYAZAKI _____ 소득 격차를 계수화한 지니계수는 1에 가까울수록 격차가 크다는 것을 의미해요. 중국 당국이 공식 발표한 지니계수는 0.34지만 시안대학교의 조사에 따르면 0.62였어요. 아주 엉터리죠.

농민들 쫓겨난 자리에
늘고 있는 유령도시

MIYAZAKI   지방 정부에 토지를 빼앗긴 중국의 농촌 사람들은 임금은 일단 올랐지만 실업률도 그만큼 높아요. 일 자체가 없습니다.

TAMURA   실업률에 대한 통계는 확실한 것이 없는데, 지방으로 갈수록 이렇다 할 산업이 딱히 없기 때문에 농촌의 많은 사람들이 상하이 등 대도시로 올라와 취직을 해요. 그런데 '농민공'이라 불리는 그들은 중국에서 이류 국민 취급을 받아요. 농촌 호적을 가졌느냐, 도시 호적을 가졌느냐에 따라 사회보장 범위도 완전히 다르죠. 그리고 도시의 사람들은 농민 출신들을 정말로 무시합니다.

MIYAZAKI _____ 중국이야말로 인종차별 국가라고 할 수 있겠군요. 얼마 전 일본의 한 방송에서 '거룡 중국 1억 대이동 이리저리 떠도는 농민공'이라는 특별 방송을 내보낸 적이 있습니다. 지방도시 재개발 사업 때문에 삶의 터전에서 쫓겨나 갈 곳을 잃은 농민공들에 관한 이야기였습니다. 아파트는 점점 늘어나고 있지만 가난한 농민공으로서는 도저히 감당할 수 없는 가격이라 고향으로 돌아가 농지를 경작해보기도 하는데, 그런 비참한 상황에 놓인 농민공이 중국 전역에 걸쳐 몇 억 명이 넘게 있다고 하더군요.

TAMURA _____ 지방에 뉴타운 건설 계획을 세우면 노동 수요는 당연히 늘어나지만, 그 도시에 살 사람이 없어서 유령도시가 돼버립니다. 그런 도시 건설이 무슨 소용일까요?

MIYAZAKI _____ 더구나 그렇게 만들어진 뉴타운에 수도와 가스도 안 들어오는 경우가 많아요. 공공시설과 연동해서 건물을 짓지만 도시 인프라는 전혀 고려하지 않은 겁니다.
가장 재미있었던 것은 이런 겁니다. 단지가 크면 그 단지 사이로 버스가 다녀요. 그런데 고작 하루 두 대 정도예요. 별로 의미가 없죠. 전기, 가스가 들어오더라도 인프라가 빈약해서 주변에 슈퍼마켓도 없어요. 그런 곳에 누가 살려고 하겠어요? 아무도 살려고 하지 않죠. 그런 도시를 계속 만들고 있는 것이 전체주의를 표방하고 있는 중국의 현주소입니다.

내부의 불만을 잠재우기 위한
시진핑의 전략은 계속 통할까?

MIYAZAKI _____ 지금까지 중국은 내부의 불만을 잠재우는 데 다른 나라를 자주 이용해왔어요. 대표적으로는 반일 문제를 자주 이용했습니다. 그런데 최근에는 중·일 관계를 개선해야 한다는 정치적 과제가 있어서 일본을 이용하지 못하죠. 그렇다면 다음 표적은 어디가 될까요? 미국은 무서우니까 엄두를 못 낼 테고, 쉽게 떠올릴 수 있는 게 한국이겠죠?

TAMURA _____ 대만도 있지만, 대만의 경우 합병 문제도 있어서 정치적으로는 매우 큰 위험이 따릅니다. 트럼프 정권은 대만 정책을 아주 견고하게 다져가고 있어요. 미국이 대만을 보호한다는 태도가 확고하면 중국도 손을 쓸 수 없죠. 그러나 대만의 차이 잉원 정권은 침체 상태입니다. 2018년 11월 실시된 대만의 통일지방선거에서 남부 가오슝의 시장으로 대중 관계 개선을 호소한 야당인 국민당의 한궈위가 당선됐어요. 이에 중국 측은 즉시 대만에 대한 경제적 우대를 도모하겠다는 등의 제스처를 내비쳤어요.

MIYAZAKI 2018년 치러진 대만의 통일지방선거는 긴장감이 거의 없었어요. 약간 장난스럽다는 인상까지 받았죠. 차이잉원 총통은 아무것도 하지 않았어요. 경기도 안 좋았고, 중국에 대항할 만한 정책은 아무것도 펴지 않았죠. 대만 독립을 더 불투명하게 만들지 않았나 싶을 정도예요.

과거의 대만이었다면 국민당에 표가 갈 리가 없었어요. 모두 민진당에 투표할 줄 알았는데, 본성인²들까지 국민당에 투표했어요. 지금의 국민당은 예전의 국민당이 아닙니다. 이 투표 결과를 보면 일본에서 2009년에 치러진 선거가 생각납니다. 그 선거에서는 장기 집권한 자민당이 패하고 민주당으로 정권이 교체되었는데, 이때 일본 국민들은 자민당에 따끔한 맛을 보여주겠다는 의식이 강했었죠.

---

2 1945년 일본이 패전하기 전 타이완으로 건너온 한족과 그들의 후손

국민당에 표가 쏠린 또 하나의 이유는 정치적 액상화 현상 때문이 아닐까 싶습니다. 차이잉원 정권에 대한 기대감이 없는 국민들이 저항감이나 긴장감 없이 국민당에 투표를 한 것이죠. 그 결과 가오슝 시장 선거에서도 중국 정부를 찬양하는 시장이 당선된 겁니다.

TAMURA_____ 중국으로부터 대만 내부에 여러 가지 의미에서의 영향력이 미치게 되면 미국으로서는 더 이상 대만에 무기를 수출할 수 없게 됩니다.

MIYAZAKI_____ 중국이 대만에 어떤 영향력을 행사하려고 하는지 알 수 없지만 군대를 점령할 경우, 거기에 할애할 수 있는 군사력이 없는 게 사실입니다. 인민해방군은 235만 명이었던 군인을 205만 명으로 감축했습니다. 그중 약 180만 명 정도가 군대 내의 치안을 담당하고 있습니다.

지금 중국이 대외적으로 가장 경계해야 할 것 중 하나는 한반도 문제가 아닐까 합니다. 한국의 문재인 정부는 평화와 통일을 목표로 남북 관계를 개선하려고 하고 있습니다. 만약 남·북한이 통일될 경우, 통일 한국이라는 존재가 중국과 어떤 관계를 맺게 되고, 어떤 영향을 주게 될까요? 중국에게는 매우 복잡한 문제일 것입니다. 그래서 중국은 지금 한국을 심하게 흔들고 있습니다.

또 중국은 위구르 문제로 국제적으로 비난을 받고 있어요. 이와 관련해 최악의 경우 러시아가 장난을 쳐서 위구르에 무기를 공여하면 그야말로 엄청난 사태가 벌어지게 됩니다.

시진핑은 야심만큼
비전이 있기는 한 걸까?

MIYAZAKI　　　　시진핑은 무엇을 노리고 황제가 되려고 하는 걸까요? '중국몽'이나 '중화민족의 부흥'을 표어로 내걸었지만 최종적으로는 제2의 마오쩌둥이 되고 싶은 게 아닐까 싶습니다. '무엇을 할까' 하는 비전은 전혀 보이지 않아요.

TAMURA　　　　각국의 미디어는 일대일로 개발 사업에 대해 '미국 중심의 국제금융 질서에 대한 도전'이라고 설명한 바 있습니다. 하지만 시진핑의 야망은 그런 수준이 아닐 겁니다. 신 실크로드 지도와 몽골제국의 발자취를 겹쳐 보면 확실히 알 수 있어요. 몽골제국은 중화민족은 아니지만 과거 강대한 군사력뿐만 아니라 '교초'라고 불리는 사상 최초의 지폐를 제국 전역에 유통시킨 세계 통화 대국이었습니다. 지금의 베이징에 해당하는 큰 도시는 육지뿐 아니라 바다로도 통했습니다.

MIYAZAKI ———— 본격적으로 바다로 진출한 것은 원나라 다음인 명나라 때였죠. 명의 영락제가 정화를 사신으로 임명해 함대와 함께 서양으로 원정을 떠나게 했어요. 일곱 번에 걸쳐 대선단을 이끌고 떠난 항해에서 정화의 함대는 수에즈 운하를 거쳐 지중해를 통과했고 아프리카 케냐의 말린디까지 갔어요.

개빈 멘지스가 쓴 《1421 중국, 세계를 발견하다 *1421: the Year China Discovered the World*》라는 책에서는 콜럼버스에 앞서 정화 원정대가 먼저 지금의 미국 대륙과 호주 대륙을 발견했다고 주장하고 있어요. 콜럼버스가 미국을 발견한 것은 1492년이고 정화의 항해는 1421년이었다는 거예요.

명대의 도자기 파편이라도 나오면 그 증거로 제시할 수 있을지 모르지만, 지금으로써는 증거가 명확하지 않아요. 정화의 함대는 세계 각지를 탐험했지만 그곳을 식민지로 만든 것은 아니라서 영토는 눈곱만큼도 늘어나지 않았습니다.

현재 가장 큰 문제는 '시진핑의 중국이 세계지도에 어떤 영향을 주느냐'입니다. 중국과의 남중국해 영유권을 둘러싼 분쟁에서 필리핀이 국제사법재판소에 영유권 주장에 관한 증거를 제출했음에도 중국은 '그깟 종잇조각 따위!' 하며 무시했어요. 하지만 그래서는 세계 질서가 유지될 수 없게 됩니다.

TAMURA 그런데 그에 대해서는 트럼프 정권도 어쩌지 못하고 있어요.

MIYAZAKI 미국도 군사적인 전면 대결은 피하니까요. 그래서 외교적 흥정이 반복되는 것 아니겠어요?
중국은 남중국해에 일곱 개의 인공 섬을 만들어 거기에 군사기지를 조성했습니다. 그런데 이게 어리석은 선택인 게, 항공모함과 달리 움직일 수 없는 기지라는 점이에요. 미국의 군사 전략가 에드워드 루트워크는 이 기지에 대해 "미사일 공격을 받으면 5분이면 부숴질 수 있다"고 하기도 했죠.

CHINA
ECONOMIC COLLAPSE

5

2020년 중국발
인플레이션 시나리오

의문스러운
위안화와 엔화 통화 스와프

TAMURA _____ 2018년 가을 아베의 중국 방문으로 중·일 간 통화 스와프 협정 조인이 결정되었습니다.

중·일 간에는 2002년에 이미 통화 스와프 협정을 체결했는데, 이것은 2010년 중국 어선의 일본 해상보안청 함선 충돌 사건에 이어 중국에서의 반일 데모를 계기로 2013년에 효력을 잃었었습니다.

당시 스와프 협정 규모는 3,300억 엔(약 3조 3,500억 원)이었는데, 2018년에는 그 열 배에 달하는 3조 4,000억 엔(약 36조 원)이었어요. 아소 다로 재무 장관은 이 위안화 스와프에 대해 "일본 기업과 일본 은행에게 유익하다"라고 말했지만, 여기에 속

[표 8] 중국·일본의 통화 스와프

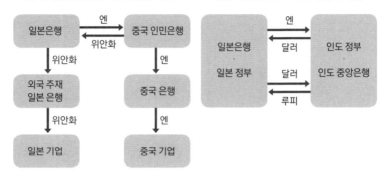

중국·일본 스와프 = 결제 안정 확보

일본은행 →(엔) 중국 인민은행
←(위안화)

일본은행 ↓위안화
중국 인민은행 ↓엔

외국 주재 일본 은행 ↓위안화
중국 은행 ↓엔

일본 기업
중국 기업

일본·인도 스와프 = 통화 위기 예방

일본은행 · 일본 정부
→(엔)
←(달러)
인도 정부 · 인도 중앙은행
→(달러)
←(루피)

으면 안 됩니다.

예를 들어, 중국 기업이 일본 기업을 매수하거나 일본에서 사업을 확대하려면 엔 표시 자금이 필요합니다. 또 일본 내의 토지나 주택을 구입하기 위해서도 자금이 필요하죠. 그럴 때 가장 빨리 자금을 확보하는 방법은 엔 표시 채권을 발행하는 거예요. 그런데 그때 중국 모회사의 신용도가 문제가 됩니다. 일본에 투자하려고 할 때 아무도 보증할 사람이 없어요. 그럴 때 통화 스와프 협정이 효력을 발휘하는 겁니다. 만약에 뭔가 문제가 일어나면 일본의 중앙은행인 일본은행이 돕게 되는 겁니다.

통화 스와프 협정을 맺었기 때문에 인민은행이 일본은행에 '문제가 일어날 것 같은 채권이 있으니 엔화와 위안화를 교환해달라'라고 하면 일본은행이 인민은행에 엔화를 넘겨요. 원래 '사무라이 채권'[1]이라고 해서 중국 정부나 기업에서도 엔화 표시 채권을 발행할 수 있어요. 그래서 인민은행에 엔화를 건네고 '이걸로 어떻게든 하라'고 하죠. 이런 형태의 보증으로 리스크가 가벼워지기 때문에 일본에서 채권을 발행해도 투자가가 즉시 나타나는 거예요.

MIYAZAKI ───── 중국은 지금까지 사무라이 채권을 발행한 적이 없죠? 일본은행이 보증을 서기 때문에 신용평가 등급이 A급이 된다는 뜻이군요.

TAMURA ───── 그렇습니다. 마지막에는 일본은행 자금으로 구제된다는 이야기예요.

---

1 일본 채권시장에서 비거주자인 외국 정부나 기업이 발행하는 엔화 표시 채권

아베는 왜 위안화의 국제화에
일조하려 하는가?

MIYAZAKI_____ 일본은행 자금으로 훼손된 채권을 구제한다는 의미도 있지만, 좀 더 자세히 말하자면 위안화의 국제화에 통화 스와프가 기여한다는 의미도 됩니다. 중국이 노리는 것은 사무라이 채권과 같은 형태로 일본은행에게 엔화 자금을 내놓게 하려는 것일 텐데요, 위안화가 그런 형태로 교환된다는 것은 엔화라는 신용도가 매우 높은 통화로 위안화를 뒷받침하는 것이라서 위안화가 국제통화가 되는 데도 도움이 될 것 같습니다.

TAMURA_____ 그렇게 되면 위안화가 국제화되는 데 일조하게 되는 셈이죠.

MIYAZAKI 그런데 위안화의 가치는 점점 더 떨어질 거라고 예상되므로 엔화의 가치는 올라가고 위안화가 떨어지면 투자가는 손해를 보게 됩니다.

TAMURA 통화 스와프 협정으로 일본은행이 위안화를 인수하면 그것은 자산이 됩니다. 그 자산이 훼손되기 때문에 정부 납부금이 감소하죠. 그 말은 일본의 재정 자금이 줄어든다는 뜻이니까요. 3조 4,000억 엔(약 36조 원)이라는 범위 안에서는 뭐든지 할 수 있기 때문에 이게 무서운 겁니다. 예를 들어 일본은행이 통화 스와프로 3조 엔(약 31조 원)의 위안화 자산을 보유하고 있는데 마침 위안화가 10퍼센트 떨어진다면 일본은행은 3,000억 엔(약 3조 1,000억 원)을 손해 보게 됩니다.

재무성 간부에게 들은 얘기에 의하면 2002년 통화 스와프 협정 시 일본 측 주체는 재무성과 일본은행 두 곳이었고, 2018년 통화 스와프의 주체는 일본은행이었다고 합니다.

통화와 관련된 위기 상황이 발생하면 보통은 재무성이 외환보유고를 써서 대응합니다. 국가 간의 통화 위기일 경우에는 외환 차손이 발생하지 않도록 계약 조항에 그 부분은 포함시켜요. 그래서 국가 간의 통화 스와프에서는 외환 차손이 발생하지 않죠. 결국 100달러를 빌리면 100달러를 확실히 돌려받는다는 뜻입니다.

그런데 2018년 중·일 통화 스와프는 중앙은행과의 문제로, 일본은행이 어떤 조건으로 협약을 맺었는지 좀 더 연구해 봐야겠지만, 3조 4,000억 엔(약 36조 원)의 최고 한도 내에서 상시 스와프가 이뤄지는 조건입니다.

MIYAZAKI ———— 아마 이미 혼신의 힘을 다했을 테죠. 2018년 가을에 아베 총리가 7년 만에 중국을 방문해서 시진핑 주석과 중·일 정상회담을 한 것도 그 때문이 아니겠어요?

트럼프를 화나게 하면서
중·일 통화 스와프 선택한 아베의 속마음

TAMURA _____ 통화 스와프는 중국 구제책이 될 수 있다는 점에서 미국의 트럼프 정권을 화나게 했을 거라는 게 제 생각이에요. 이런 내용의 칼럼을 쓴 적도 있는데, 나중에 재무성의 고위 관료에게 들은 얘기로는 그 칼럼을 읽은 아베 총리가 화를 냈다고 하더군요.

아소 재무 장관도 기자회견을 통해 "통화 스와프는 일본 기업이 중국 내에서 자금 조달을 할 때 쓰이는 것"이라며 한결같이 일본 기업을 위한 것이라고 말하고 있어요.

중·일 통화 스와프 체결 이후 투자 활동이 발생하면 일본은행은 위안화를 받고 그 대신에 엔화을 내줍니다. 그리고 그 위안화를 일본의 은행이나 기업에 지급하게 되죠. 이는 주로 중국 이외의 나라가 중국 본토에서 발행하는 위안화 채권, 즉 '판다 채권'을 가리킬 것입니다.

일본의 미쓰비시UFJ은행이나 미즈호은행이 발행하는 판다 채권으로도 위안화 자금을 조달하는데, 그 판다 채권을 사는 것은 바로 일본 기업이라고 합니다.

판다 채권은 일본에서의 중국에 대한 투자입니다. 위안화의 국제화에 그것이 관계가 있느냐고 하면, 일부는 확실히 그렇습니다. 특히 일본의 투자가가 위안화 채권을 보유하고 있을 때 신용 불안이 일어나면 일본은행이 보증을 한다는 뜻이죠. 중국에서 들고 온 위안화를 엔화와 교환할 수 있다는 것은 확실히 중·일 간 경제 협력을 강화한다는 의미입니다.

그런데 일본 기업이 그런 투자를 왜 할까요? 사실은 일대일로 개발 사업에 협력하는 것입니다. 지금 당장 일본 기업이 중국 내에서 사업을 확장하는 것은 아니고, 일대일로 개발 사업과 관련된 프로젝트를 진행하게 될 거라고 봅니다.

일대일로 프로젝트의 일환으로 태국에 스마트시티를 건설 중인데, 히타치 등 일본 기업이 AI나 IT 네트워크 분야를 담당하는 거예요. 하지만 일대일로 프로젝트는 전부 중국 기업이 주관하기 때문에 히타치도 하청을 받게 됩니다. 이때 원청업자인 중국 기업이 위안화로 결제하는 조건이므로 일본 기업도 갑자기 위안화 자금이 필요해집니다. 따라서 항상 3조 4,000억 엔(약 36조 원)이라는 범위 안에서 위안화 자금을 조달할 수 있다는 것이 특징이에요.

MIYAZAKI _____ 그러면서 일본 기업들을 위해 통화 스와프를 체결했다고 둘러대는 거군요.

TAMURA _____ 저는 재무성 고위 관료에게 "이 통화 스와프는 일대일로 개발 사업에 대한 일본의 협력이라는 정치적인 의미가 있다"고 지적한 적이 있어요. 그랬더니 "그건 경우에 따라 다르다. 일본 기업은 그에 대해 미온적으로 대처하기 때문에 괜찮다"라고 하더군요. 또 추궁하니 "이 협정은 중국에 대한 립서비스다"라고 말하더군요. 두 나라 정부 간에 맺은 계약을 '립서비스'라고 표현하다니 대체 무슨 생각을 하는 걸까요?

아소 재무 장관은 자주 "통화 스와프는 일본 기업을 위해서다"라고 말하곤 했는데, 아소 장관도 속고 있는 거예요. 재무성 관료에게 "통화 스와프는 양방향으로 체결하는 거잖아요. 중국 기업이 일본으로 올 때 엔화 자금을 조달하기 위해 이를 활용할 수 있다는 뜻이죠?"라고 지적했더니 "아니, 그건 그렇지만…"이라며 모호하게 얼버무렸어요. 이제 와서 왜 이런 스와프 협정을 맺은 건지 그 의미를 알 수 없네요.

MIYAZAKI   통화 스와프는 물론 역으로 중국 기업이 일본 내에서 투자할 때도 유용할 것입니다. 일본에서 투자금이 나오기 쉽게 하는 동시에 중국 기업이 일본 내에서 투자를 쉽게 할 수 있게 해요. AIIB나 중국 국영 기업이 일본 기업을 매수하거나 부동산을 매수할 때 자금 조달을 편하게 할 수 있다는 뜻입니다.

TAMURA   이에 대해서는 재무성 내부에서도 이견이 있는 모양이에요. 어느 모임에서 만난 또 다른 재무성 관계자는 "위안화 통화 스와프가 일본을 위해서라고 하는 것은 이상하죠. 양방향이어야 하는데…"라고 말하더군요.

MIYAZAKI   아베 총리도 그건 당연히 알고 있겠죠?

TAMURA   아베 총리가 어디까지 이해하고 있는지는 알 수 없습니다. 재무성도 약아서 뭔가 문제가 생기면 일본은행 탓으로 돌릴 게 분명해요.

MIYAZAKI   뭐, 일설에는 아베 총리가 외교에 빠져서 국내 정책은 칸 관방 장관에게 통째로 맡겼다는 얘기도 있는 모양이에요.

2020년 중국발
인플레이션 시나리오

TAMURA _____ 앞에서 설명했듯이 일대일로 프로젝트는 중국 기업
이 전담하기 때문에 수주하면 위안화 금융으로 전부 해결됩니
다. 그래서 중국의 '채무의 덫'에 걸리게 되며, 아시아의 신흥국
들은 대부분 여기에 당했습니다. 하지만 저는 중국의 이러한 행
동은 머니 파워라기보다 중국의 전체주의적 파워일 것이라는
점에서 늘 망설여집니다. 중국은 외환보유고를 조금씩 없애버
린 탓에 외화로 투자를 하는 게 아니기 때문입니다.

물론 인민은행은 수출로 번 달러만큼만 위안화를 발행하는 것
이 원칙입니다. 기본적으로 달러에 연계해서 외환보유고만큼
만 위안화를 발행할 수 있는 거죠. 그런데 지금은 그 두 가지가

점점 차이가 나고 있어요.

2018년 11월 말에는 자산의 60퍼센트가 달러를 중심으로 하는 외화였습니다. 인민은행에는 자산부와 부채부가 있는데, 부채부에 들어가는 위안화 발행량은 자산의 80퍼센트에 해당하며, 위안화 발행량은 외화 자산의 1.4배 이상 됩니다. 2015년 전반기까지는 위안화 발행량과 외화 자산이 균형을 이뤘는데, 지금은 외화 자산이 줄어들어서 위안화 잔고가 서서히 늘어나고 있습니다. 이 차이가 점점 커지면 반드시 인플레이션이 될 것입니다. 반복해서 말하지만 달러의 지원이 없는 돈이 늘어나고 있기 때문입니다.

MIYAZAKI ———— 달러와 연결되지 않는 위안화가 이른바 '완화 머니' 형태로 발행되는 거군요. 그것과는 별개로 일본은행은 '이차원(異次元) 완화'로 불리는 양적·질적완화를 단행하며 '베이스 머니'를 확대시켰습니다. 이 중 1조 달러(약 1,100조 원)가 넘는 자금이 해외로 나가고 있습니다. 일본 은행이 대출을 해주고 있는 겁니다. 결과적으로 이 대출금의 대부분은 중국이 빌려간 형태로 되어 있는데, 이게 맹점입니다.

TAMURA ———— 맞습니다. 국제금융시장이 존재한다면 새롭게 추가된 돈은 99퍼센트 정도가 일본 돈입니다. 일본 은행으로부터

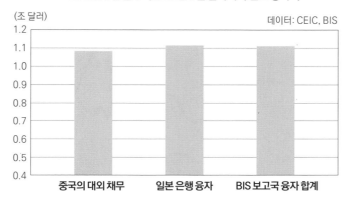

[표 9] 일본의 대외 융자와 중국의 대외 채무
2012년 6월 말부터 2018년 6월 말까지의 잔고 증가액

융자를 받은 거죠.

[표 9]를 보면 2012년 6월 말부터 2018년 6월 말까지 6년 동안 일본 은행은 국제금융시장에 1조 1,000억 달러(약 1,200조원) 이상을 빌려줬습니다. 6년 동안 증가한 금액을 보면 일본이 100퍼센트 빌려준 게 됩니다. 돈을 빌린 나라는 중국이 단연 선두에 있습니다.

또한 일본은행의 이차원 완화 덕분에 달러 금리가 상대적으로 낮아졌어요. 그래서 중국은 해외로부터 저금리의 유리한 조건으로 돈을 빌릴 수 있게 되었습니다.

MIYAZAKI   BIS 발표 자료에 따르면 중국의 민간 채무 잔고는

[표 10] 중국의 대외 채무와 일본 은행의 대외 채무

데이터: CEIC, BIS

(조 달러) (왼쪽 눈금)

일본 은행의 대외 채무(오른쪽 눈금)

중국의 대외 채무 (왼쪽 눈금)

(조 달러)

2007 08 09 10 11 12 13 14 15 16 17(년)
12월

2018년 3월 말 29조 달러(약 3경 4,400조 원)였습니다. 2008년 이후 23조 달러(약 2경 7,000조 원)나 증가했습니다. 같은 기간에 세계 채무가 39조 달러(약 4경 6,000조 원) 증가했으니 최근 10년간 증가한 세계 채무의 60퍼센트는 중국의 채무라는 뜻입니다. 2008년 리먼 브라더스 사태 이후 중국은 42조 위안(약 7조 원)을 재정에 쏟아부었습니다. 참고로 월스트리트가 파악한 중국의 부채 총액은 어림잡아 33조 달러(약 4경 원)로 BIS 발표 자료와 크게 다르지 않습니다. 즉, 중국은 빚더미에 빠져 있는 것입니다.

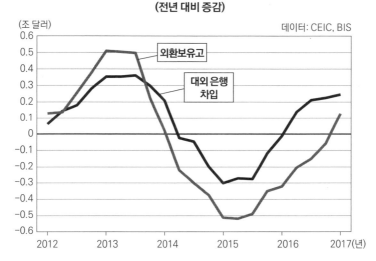

[표 11] 중국의 외환보유고와 대외 차입
(전년 대비 증감)

(조 달러)   데이터: CEIC, BIS
0.6
0.5   외환보유고
0.4
0.3   대외 은행
0.2   차입
0.1
0
-0.1
-0.2
-0.3
-0.4
-0.5
-0.6
  2012   2013   2014   2015   2016   2017(년)

TAMURA _____ 물론 29조 달러의 민간 채무에는 중국 내에서 발생
한 채무도 포함돼 있어서 반드시 해외에서 빌린 돈이라고만은
할 수 없습니다.

MIYAZAKI _____ 가장 큰 문제는 불량 채권입니다. 중국 정부는 대외
순자산 규모를 발표하고 있지만, 그게 거의 다 불량 채권이라고
생각하면 그만큼 대외 순채무를 떠맡게 됐다고 할 수 있습니다.

TAMURA _____ 맞아요. 중국이 발표한 외환보유고는 무엇을 기준으로 한 건지 불투명합니다.

MIYAZAKI———— 중국의 외환보유고는 줄었다고는 해도 3조 달러 (약 3,560조 원)에 달하는 거액입니다. 정말로 그만큼 자금이 있다면 외국 은행에서의 달러 차입이 증가하는 이유는 무엇일까요?([표 11]) 저는 그게 의문입니다. 장대한 일대일로 프로젝트도 간접적이기는 하지만 ADB(아시아개발은행) 등을 통해서 일본의 자금으로 하고 있는 것이기 때문에 매우 이상한 이야기입니다.

아시아개발은행 등의
AIIB 후원으로 중국 숨통 트일까?

TAMURA _____ 이제 AIIB 채권을 일본에서도 발행할 수 있게 되었습니다. 2017년 일본 금융청은 미디어에는 발표하지 않고 AIIB에 트리플 A 신용 등급을 부여했어요. 트리플 A는 ADB와 같은 순위라서 위험률이 거의 없다는 의미입니다.

일본 정부가 보증을 선 것이기 때문에 중국 입장에서는 일본의 저금리 자금을 일본 국채와 같은 환율로 조달할 수 있게 되었습니다. 게다가 중국과 일본은 통화 스와프 협정까지 맺었죠. 그래서 만약에 중국으로부터 자금을 회수하지 못할 위험은 없는지 물어보면 "중·일 통화 스와프 협정에 따라 최종적으로는 일본은행이 유리합니다"라고 말합니다.

MIYAZAKI _____ 그 말은 일본은행이 융자한 것이나 마찬가지라는 얘기네요. 원래 일본의 완화된 돈이 해외로 나가서 그것을 중국이 빌리고 다시 AIIB의 채권까지 발행해서 마지막에 지불하지 못하게 되면 일본은행이 그 돈을 다 책임진다는, 중국에는 더할 나위 없이 좋은 조건인 거죠.

TAMURA _____ 외국 주재 일본 은행이 일본은행의 당좌예금에 돈을 쓸데없이 축적해놓으면 마이너스 금리인 상태에서는 돈을 떼이는 것이나 마찬가지이기 때문에 그보다는 해외에 빌려주는 편이 낫다는 이유로 자금이 점점 유출되고 있는 것입니다.

MIYAZAKI _____ 그러면 중국에 협력하기 위해서라도 일본은행은 열심히 마이너스 금리 정책을 펼치겠네요.

TAMURA _____ 현재 국제금융 시스템으로 보면 결과적으로 그렇게 됩니다. 확실히 말하자면 중국이 돈을 빌리지 않으면 빌려줄 곳이 없다는 뜻이기도 합니다. 아베 총리는 모처럼 일본은 AIIB에는 가담하지 않겠다고 밝혔지만, 금융 관료들은 중국 정부를 도와 일대일로 개발 사업을 금융 면에서 지원하게 됩니다.

MIYAZAKI _____ ADB도 AIIB의 융자 안건을 놓고 이상한 움직임을 보이고 있습니다. 전 재무성 국제업무담당 재무관이자 현재 ADB 총재인 나카오 다케히코는 종종 중국을 방문하곤 해요. 일본은행 총재인 구로다 하루히코와 함께 재무성 근무 시절 국제 금융 분야에서 촉망 받던 인물이죠.

TAMURA _____ 과거 재무성 관계자에게 들으니 두 사람은 완전히 친중파라고 하더군요. 나카오는 처음부터 AIIB 가입에 찬성했어요. AIIB는 2013년 10월에 시진핑 주석과 리커창 총리가 동남아시아를 순방할 때 신 실크로드 개발을 위한 차관 융자를 목적으로 설립을 제안해 만들어진 국제 금융기구죠. 일본의 참가 문제가 표면화된 것은 2015년 봄의 일입니다.

MIYAZAKI _____ 2015년 영국의 재무 장관이었던 조지 오스본이 주도해서 영국이 가입한다고 하자 그때부터 갑자기 언론에서 크게 다루기 시작했어요. 그때 미국의 재무 장관이었던 제이콥 루가 갑자기 방중해서 리커창과 회담을 하기도 했어요. 결과적으로 기존의 ADB를 주도해온 미국과 일본은 조직 운영 및 의사 결정 과정 등이 투명하지 않다는 이유로 참가를 보류했지만 말이죠.

TAMURA _____ 나카오는 2014년 6월 ADB 연구소에서 개최한 기자간담회에서 "아시아 국가들은 절대적으로 인프라 자금이 부족하기 때문에 당연히 AIIB에 가입해야 한다"라고 했어요. 여론도 여기에 동조했죠. 그때 저는 "이건 당치도 않은 얘기다. 원래 중국은 ADB에서 가장 돈을 많이 빌리고 있다. ADB와 똑같은 개발은행을 만드는 것은 이상하다. 아시아의 인프라 자금이 부족해서 AIIB를 만드는 것이라면 먼저 중국에 ADB에서 빌린 돈 전액을 변제하게 하고, 그 변제 자금으로 ADB가 인프라 융자를 늘리는 것이 순서 아닌가?"라고 이의 제기를 했습니다. 그랬더니 나카오는 "금융기관끼리는 흔한 이야기라서 전혀 문제될 것이 없다"라고 강변했어요. 게다가 중국은 AIIB 설립 후에도 태연하게 ADB에서 돈을 빌리고 있죠. 여전히 중국은 돈을 가장 많이 빌리는 나라입니다.

나카오는 AIIB 총재인 진리췬과 종종 만나는 모양입니다. 완전히 중국 정부를 추종한다고밖에 볼 수 없어요. 일본은행의 구로다도 ADB 융자와 일본 엔 차관으로 추진해온 메콩강 유역 개발에 중국 자본이 진출하는 것을 환영하고, 그 난개발에 따른 환경 파괴를 묵인해 여론이 안 좋아요.

MIYAZAKI ADB가 아직 중국에 돈을 빌려주고 있다는 건 이상하네요. 2018년 10월 아베가 중국을 방문했을 때 일본은 대중 ODA(Official Development Assistance, 정부개발원조) 종료를 선언했습니다. ODA를 그만둔다는 말은 그때까지 원조를 계속해 왔다는 뜻이죠. GDP에서 일본을 앞지른 중국을 일본이 지원했다는 것도 묘하네요.

다른 이야기일 수 있지만 중요한 것은 일본의 재정입니다. 일본이 재정 적자에 시달린다는 것은 거짓말이에요. 즉 일본 국채 폭락론을 격하게 주장하는 논객들이 미디어를 장악하고 있고, 재무성과 어용 언론, 또 사태를 정확하게 이해하지 못하는 미디어가 정보 조작에 기인하는 것 아닐까요?

재무성의 지도를 받은 걸까요? 경제 뉴스는 '소비세 증세는 정해져 있다'를 전제로 한 보도 일색입니다. 또한 재무성은 국제기관에 직원을 파견해 로비 활동을 펼쳤습니다. 그 공작 대상은 IMF입니다. 일본에 관한 IMF의 분석 내용은 증세를 추천하는 기조로 흐르고 있습니다. 전부터 이상하게 느꼈지만 그건 일본 측에서 제공한 정보가 반영된 것으로, 공작의 결과라고밖에 볼 수 없습니다.

그런데 IMF의 또 다른 보고서에는 '일본에 재정 위기는 전혀 없다'라고 돼 있어서 깜짝 놀랐습니다.

일본의 적자국채는 확실히 문제이기는 하지만 일본이 보유한 금융자산이라는 밸런스시트를 보면 일본의 빚은 제로입니다. 즉 일본의 재무 건전성은 매우 좋아서 소비세 증세를 할 필요가 전혀 없어요.

미국이나 중국의 높은 부채율과 달리 일본은 저축률이 높아 예금, 생명보험, 주식, 기타 금융자산이 GDP의 세 배입니다. 하물며 일본 엔화가 강세인 것은 대외 채권이 대외 채무를 훨씬 웃돌기 때문입니다. 표면적인 외환보유고보다 사실상의 외화자산 보유액을 감안하면 아마 일본 엔화는 1달러에 80엔 정도라고 해야 할 것입니다.

TAMURA _____ 일본은 소비세 증세를 하면 끝입니다. 이에 대해 저는 미·중 무역 전쟁이 발발한 2018년 여름부터 계속 말해왔지만 증세파들은 주장을 굽히지 않았습니다.[2]

MIYAZAKI _____ AIIB 이야기로 돌아가면 사우디아라비아의 국영 에너지기업인 아람코가 뉴욕 증권거래소 등 여러 시장에서 상장을 하려고 했는데 결국 하지 못했어요. 심사 과정과 조직 운영 방식이 불투명하다는 이유에서였습니다. 그런데 미국이 '불투명하다'고 하면 일본에서도 채권을 발행하지 못하게 됩니다.

TAMURA _____ 그 전에 일본이 확실하게 말해야 하는데, 앞에서 말한 것처럼 일본의 금융청은 AIIB의 신용 등급이 ADB나 세계

2 일본은 2019년 10월 1일자부터 소비세 표준세율을 8%에서 10%로 인상했다.

은행과 동일하다고 평가했어요. 만약 AIIB가 충분히 트리플 A 등급을 받을 만하고, 금융청의 보증으로 위험이 없는 채권이라면 미쓰비시그룹을 비롯한 일본의 기관투자가들이 인수하려고 드는 것은 충분히 있을 수 있는 일입니다.

실제로 앞에서 설명했듯이 미쓰비시UFJ은행과 미즈호은행은 중국에서 판다 채권이라는 위안화 표시 채권을 발행했어요. 반대로 AIIB도 일본에서 엔화 표시 채권을 발행해 엔화 자금을 조달할 수 있게 되겠죠. 그렇게 발행한 채권은 사무라이 채권이 되겠네요.

중국 투자 붐은
언제까지 유효할까?

MIYAZAKI　　2018년 가을 아베가 중국을 방문할 때 재계 인사 약 500여 명이 동행을 했습니다. 1기 아베 정권 때는 200명 정도가 함께 갔었는데, 그보다 인원수가 많아졌어요. 그때 2차 대중 투자 붐이 일었던 걸로 미루어 이번에는 3차 투자 붐이 일 수도 있지 않을까 합니다.

TAMURA　　일본에서는 히타치그룹이 대중 투자에 적극적이죠. 히타치그룹의 CEO는 일본 경제단체연합회 회장을 맡고 있는 나카니시 히로아키입니다. 나카니시는 2018년에만 서너 차례 중국을 방문했어요. 9월에는 중·일 경제협회, 일본 경제단체연합회, 일본 상공회의소의 경제계 합동 방중단으로 200명 규모를 이끌고 갔는데, 일대일로 개발 사업에 대한 협력을 포함해 중국과의 경제 관계 개선에 대해 어필했습니다.

MIYAZAKI　　히타치그룹 외에 이토추상사도 중국 지원에 적극적입니다. 반면 유니클로나 고마쓰제작소, 소프트뱅크는 갈림길에 섰습니다.

히타치그룹은 영국 원전 건설을 수주했지만 최신형 원전은 테러와 항공기 추락사고 등에 대한 안전 대책이 필수적이라서 건설비가 꽤 많이 들어갑니다.

실제로 프랑스 오라노그룹이 핀란드에 건설 중인 3.5세대 EPR(유럽형 가압경수로)은 건설비 폭등과 기술적인 문제로 20년이 지나도록 완성하지 못하고 있습니다. 히타치의 원자력발전소도 당초의 예산을 훨씬 초과한 상태로, 이후 투자금이 모이지 않아 원자력발전소 건설을 단념하게 되었습니다. 히타치가 중국에 흥미를 보이는 것은 영국에서의 실패를 중국에서 어떻게든 만회해보려 하는 측면도 있는 듯합니다.

토요타는 아직 중국에 대한 투자가 전체 투자 금액의 15퍼센트까지는 가지 않았기 때문에 중국에 대한 투자에 실패하더라도 기둥이 뽑힐 일은 없지만, 중국에 25퍼센트 이상 투자하고 있는 기업은 위험해요. 은행도 중국에 융자를 많이 해준 곳은 위험합니다.

TAMURA _____ 히타치의 경우는 중국과 동반 자살을 하려든다는 생각이 들 정도입니다. 금융기관의 경우 미쓰비시UFJ은행이나 미즈호은행도 꽤 많이 빌려줬고, 지방은행 중에도 중국에 투자한 곳들이 있는 듯합니다.

MIYAZAKI _____ 증권계에서도 중국 시장에 빠진 곳이 있는데, 바로 노무라증권입니다. 최근 노무라증권은 100퍼센트 일본 자본으로 이뤄진 펀드를 중국에 설립했어요. 지금까지 중국 정부는 중국에 진출하는 외국 자본에 대해 중국 자본과 합병할 경우에만 인정했고, 또 외국인이 51퍼센트 이상 주식을 보유하지 못하게 했어요. 중국에서의 투자는 자유로운 자본 거래라고 할 수 없는 매우 변형된 형태였습니다. 그런데 2017년경부터 미국의 요구로 시진핑이 자본의 자유화를 약속했어요. 그러나 아직 헬스 케어 등 일부 분야에 한정됩니다.

TAMURA _____ 이른바 문호 개방 정책으로 전환했다고는 하지만 사실 지금은 '자유화해야 한다'는 소리가 쑥 들어갔어요. 그리고 인재 스카우트에 열을 올리고 있습니다.

MIYAZAKI _____ 2015년 10월, 당시 IMF의 전무이사였던 라가르드는 위안화의 SDR(Special Drawing Rights, 특별인출권)[3] 구성통화 편입을 승인했어요. 원래는 SDR 통화바스켓[4]이 되려면 위안화의 변동 상장제 편입도 그 조건에 포함돼야 하는데 말이죠.

TAMURA _____ 재무성 관리에게 "위안화의 SDR 편입 때 금융 자유화나 자본 자유화 등 중국에 대한 속박은 어떠냐"고 물었더니 "IMF에는 전혀 아무런 속박도 없다"고 말하고는 자리를 피하더군요.

같은 IMF라고 해도 운영방식은 이사회가 어떻게 구성되느냐에 따라 다릅니다. 그런데 위기 시에 자금을 통 크게 1,000억 달러(약 118조 원)나 제공하는 영향력 있는 일본 측이 아무 말도 하지 않다니! 확실히 말해서 관료 특유의 무사안일주의로 중국이 제멋대로 하게 내버려두고 있는 거예요.

MIYAZAKI _____ 2018년 아베는 방중 시 중·일 공동 성명을 발표하고 '실크로드에 협력하겠다'고 했어요. 미국의 대중 경제 제재 움직임과는 반대되는 말을 한 건데, 이에 대해 미국 측에서 비판을 하지 않는 것도 이상합니다.

---

3 IMF로부터 무담보로 외화를 인출할 수 있는 권리이자 그것을 통해 인출할 수 있는 통화
4 국제통화제도에 있어서 기준환율을 산정할 때 적정한 가중치에 의해 선정되는 구성통화의 꾸러미

TAMURA ——— 비공개 석상에서 멀베이니 비서실장 대행에게 '아베 정권이 통화 스와프로 중국에 협력하는 것에 대해 어떻게 생각하느냐"고 묻자 '그 문제는 일반적으로만 답할 수 있다. 일본은 일본의 판단으로 이웃 국가와 협력 관계를 맺을 수 있는 것이고, 그건 그것대로 좋은 일이다'라는 식으로 질문에 대한 답을 회피했어요. 속으로는 무슨 생각을 하는지 모르겠지만, 요컨대 미국 각료들이 그 일로 일본을 몰아붙이는 일은 아직 없습니다. 하지만 제가 알고 지내는 미군의 한 간부는 "아베 정부가 일대일로 사업과 통화 스와프로 중국에 협력한다니 놀랍다. 시진핑의 팽창주의를 돕는 것이냐"라며 불만을 토로했습니다.

중국을 대하는
미국의 두 얼굴

TAMURA ———— 어쩐 일인지 미국도 중국에 대해 강력하게 요구하지는 않습니다. 위안화의 국제화에는 변동 상장제가 반드시 필요한데, IMF의 SDR에 편입된 지금도 위안화는 일종의 달러로 고정시킨 연화(軟貨, soft currency)에 지나지 않습니다.

2001년 부시 정권이 발족한 지 얼마 안 됐을 무렵, 당시 재무 장관이었던 폴 오닐이 중국을 방문했어요. 그는 장쩌민과 중국 재정 장관을 만났는데, 그때의 일을 그의 회고록에서 볼 수 있어요.

그때 중국 측은 오닐 재무 장관에게 중국 내의 여러 사정을 얘기하며 외환 자유화는 불가능하다고 밝혔습니다. 오닐은 그에 대해 뭐라고 말했을까요? "지금 자유화하면 중국은 붕괴되고 말 것이다"라고 그는 자신의 회고록에서 썼습니다. 자유화로 중국이 붕괴되면 안 된다는 것인데, 그 생각은 현재 미국의 생각이기도 해요.

MIYAZAKI ___ 오닐은 보기 드물게 월스트리트 출신이 아니죠?

TAMURA ___ 세계 최대의 알루미늄 업체 알코아의 CEO 출신입니다. 그때 오닐은 중국과 원래의 관계로 돌아가려고 찾아갔습니다. 부시가 정권을 잡은 직후 미군 초계기가 중국 공군에 의해 강제 착륙당한 하이난 섬 사건 때문에 미국과 중국 사이가 껄끄러웠었거든요.
그런데 중국과는 금융 관계도 있던 터라 월스트리트에서는 어떻게든 해달라고 요청했고, 이에 오닐 재무 장관이 베이징으로 날아가 장쩌민과 만났던 거죠. 관계를 개선하려고 간 것이라 미국의 입장은 중국에 '자유화는 요구하지 않는다', '적당히 요구한다' 정도였고, 그 노선은 지금도 계속 이어지고 있습니다.
그런데 트럼프는 '그런 건 모른다'는 식입니다. 그 점이 매우 재미있는 부분이에요. 트럼프는 지금까지 하지 못한 것들을 다 하려 하고 있어요. 따라서 기존 정권과는 전혀 다르죠. 그는 나바로와 견해가 같은데, 트럼프가 마지막까지 자신의 뜻을 고수할 수 있을지는 아직 알 수 없습니다.

통화마피아 무리는 중국이 세계 공황의 방아쇠를 당길지도 모른다며 두려워합니다. 한마디로 말하자면 그것입니다. 그건 망상이 아니에요. 실제로 전 세계가 위험에 빠질 수 있는 겁니다. 이는 G7도 마찬가지일 것입니다.

누가 추락하는 중국을
구제할 수 있을까?

MIYAZAKI _____ 이 와중에 일본은 중국을 도우려고 합니다. 1989년
천안문 사태 이후 일본은 세계 최초로 ODA를 부활시켜 중국
을 지원했어요. 그것도 미국 몰래. 이번에도 알 수 없습니다. 어
쩌면 미국이 시켰을지도 모르죠.

TAMURA _____ 아베 신조도, 아소 다로도 재무 관료에게 설득당한
모양입니다. 일본은 금융 위기 때는 대중 지원을 억지로 하지
않습니까? 트럼프는 자신의 선거를 앞두고 있으니 그런 일은
하지 않아요. 그런데 중국이 붕괴되는 걸 막기는 해야 하니 일
본의 아베에게 대신 시키는 것은 아닌가 하는 생각도 듭니다.

MIYAZAKI _____ 대체로 그게 맞는 것 같습니다.

TAMURA _____ 트럼프는 어디까지나 대중 강경 자세로 미·중 무역 전쟁을 계속하고 있어요. 기술 패권은 넘기지 않지만, 일본의 아베 총리는 트럼프와 조정하고 미국과 중국 사이를 중재하고 있죠. 또 뒤로는 일본의 돈을 유출해 중국 경제를 붕괴시키지 않으려고 합니다. 미국의 뒤처리를 일본이 하고, 최종적으로는 일본이 돈을 내서 중국을 지원해요. 왠지 플라자 합의 때와 비슷한 느낌이 드네요.

결과적으로 누구에게 가장 유익했는가 하면, 바로 중국입니다. 일본의 완화 머니만큼 중국에 유동성이 지나치게 쏠려 있기 때문이에요.

MIYAZAKI _____ 아마 토요타나 닛산도 그런 자금의 흐름을 읽고 중국 투자를 확대하려고 한 것일 겁니다.

거대한 하이테크 실험실, 마켓으로써
중국의 효용 가치는?

TAMURA ＿＿＿＿ 아베 총리는 전략적으로 인도와 협력 관계를 강화하고 인도 챙기기에 나서고는 있지만, 비즈니스상의 이해라는 측면에서는 현재 중국 쪽의 비중이 커졌습니다.

MIYAZAKI ＿＿＿＿ 중국은 인도와는 진출 규모가 달라요. 지금 중국에 장기 체류하고 있는 일본인은 14만 명 정도 되는데, 예전보다 늘었습니다. 그런데 상하이에 체류하는 일본인은 눈에 띄게 감소하고 있어요. 일본인학교의 학생 수가 급격하게 감소한 것을 보면 알 수 있습니다. 이는 상하이의 비싼 임대료 때문입니다. 그래서 효율을 위해 대부분 허베이성의 오지나 안후이성의 허

페이 등 지방 도시로 가고 있어요.

TAMURA _____ 일본은 통화 스와프를 통해 중국 경제를 보증하며 일본 기업에 안심하고 중국에 투자하라고 장려하고 있습니다. 한편으로 중국 사람들은 일본을 사러 옵니다. 중국인은 위안화를 해외로 유출하고 싶어 하고 일본 기업은 중국으로 가고 싶어 하고… 기묘한 구도죠. 히타치의 AI나 IT 외의 네트워크 관계 및 감시 시스템은 중국이 아니면 시장이 없을 겁니다.

MIYAZAKI _____ 중국이라면 시장도 있을 뿐 아니라 AI의 심층학습에 필요한 실험 데이터를 모을 수도 있어요. AI가 인간의 뇌를 뛰어넘는 특이점은 2045년쯤 실현될 거라고 합니다. 그게 가능하려면 반드시 AI에게 학습시킬 데이터가 필요합니다. 최대한 많은 정보를 수집해야 해요. 예를 들어, 얼굴 인증 시스템 하나만 해도 엄청난 수의 개인 데이터가 필요합니다. 일본의 경우는 개인 정보에 관한 규제가 너무 강해요. 즉, 일본에서는 개발할 수 없는 분야를 중국에서 개발하려고 하는 것입니다.

2018년 가을, 중국의 한 의사가 에이즈 바이러스에 감염되지 않도록 유전자를 조작한 쌍둥이 아이를 출산하는 실험에 성공했다고 발표해 문제가 됐습니다. 인간의 배아세포를 조작하는 것은 중국에서도 위법이지만, 그런 생명 윤리를 무시하고 데이터를 수집하거나 유전자 조작 실험을 계속하고 있어요. 반면 대부분의 다른 나라는 생명 윤리 규정이 엄격해서 최첨단 유전자 실험이 거의 불가능해 연구에 지장이 생길 정도입니다.

TAMURA ____ 눈의 홍채 데이터만으로 순식간에 개인 인증을 하는 시스템을 개발하는 데도 기본적인 데이터는 개인 정보이기 때문에 다른 나라에서는 실험이나 개발을 하기가 어려워요. 데이터 취득 허가를 받는 데만도 막대한 돈과 시간이 들죠. 그런 면에서 중국에서는 하고 싶은 걸 다 할 수 있습니다. 그래서 세계 많은 나라의 기업이 중국에 가서 빅데이터를 수집하죠.

MIYAZAKI ____ 중국은 지금 AI와 관련된 새로운 특구를 많이 만들고 있습니다. 앞에서 말한 구이저우성의 구이양도 그중 한 곳이에요. 구이양과 인도의 벵갈루루 사이에 직항 노선이 생겼어요. 그 항공편을 이용해 중국은 인도에서 수학을 잘하는 우수한 인재를 데리고 옵니다.

TAMURA ____ 각 지방의 거점 도시들이 서로 경쟁하도록 하이테크 센터를 자꾸 만들고 있어요. 최근에는 장시성의 난창이 유명합니다. 굉장한 기세로 연구 개발이 진행 중이라고 합니다. 상황이 이렇다 보니 기업들은 중국으로 가지 않으면 오히려 경쟁에서 진다고 인식할 정도입니다.

미국의 실리콘밸리는 이미 이길 수 없고, 비즈니스도 안 됩니다. 중국이라면 주문이 들어와요. 게다가 현지에 거점을 만들어 놓으면 기술 교류를 통해 새로운 기술을 개발할 수도 있습니다. 여러 가지 의미에서 IT와 AI는 역시 중국인 것이죠.

MIYAZAKI _____ 가 보면 활기가 넘쳐서 일단 그 기세에 압도당하게 됩니다.

TAMURA _____ 겉으로만 그렇게 보이는 것이지만, 한번 가서 보면 매료당하게 되죠. 중국이 그런 걸 잘하기는 해요.

앞으로의 기술은 AI에 달려 있습니다. AI야말로 최첨단 기술이라 할 수 있죠. AI를 개발하는 데는 양자컴퓨터와 초고속 연산장치 등 하드웨어는 물론, 심층학습을 위한 방대한 데이터가 필요합니다. 기업들은 그런 데이터를 수집하는 데 중국의 IT 센터를 이용하려는 거죠.

MIYAZAKI _____ 2018년 아베가 중국을 방문하기 전에 중국의 리커창 총리가 일본으로 와서 중·일 정상회담 관련 사전 조율을 했습니다. 그 일정 마지막에 리커창 총리가 홋카이도에 있는 토요타 자동차를 시찰했는데, 이때 중국과의 협력 관계에 대한 교섭이 어느 정도 이뤄지지 않았나 싶습니다.

TAMURA _____ 중국은 자동차 자율주행 기술을 원합니다. 토요타
도 자율주행 기술 연구에 가속이 붙기를 바라죠. 그렇지만 일본
에서는 실제로 실험도 자유롭게 하지 못합니다. 이런 상황에서
라면 중국에서 가장 먼저 자율주행 기술이 개발될 게 뻔합니다.
개발을 위한 인프라와 환경이 완전히 다르기 때문이죠.
AI 개발에 있어서도 중국은 절호의 실험장이며, 실행도 할 수
있습니다. 중국은 이렇듯 일본의 약점을 파고들어 일본 기업을
끌어당기고 있습니다.
반도체 기술의 경우 중국은 국산화 비율이 10퍼센트밖에 안 된
다고 합니다. 그래서 최첨단의 반도체 기술에 대해서도 일본의
협력이 필요할 것입니다. 그러니 일본 기업을 계속 받아들이려
고 하겠죠.

MIYAZAKI _____ 자칫하면 이대로 중국에 질질 끌려갈 것 같군요.

TAMURA _____ 일본 산업계의 이런 흐름은 사실 초조함에서 나오
는 것입니다. 일본 내에서는 설비 투자도 할 수 없는 상황이니
까요. 아베 정권도 이런 재계의 요구를 물리치지 못하는 거죠.

물리치다니요? 아베 정권은 오히려 재계와 밀접한 관계에 있습니다. 아베 정부는 경제성 출신의 비서관이 외교를 주도하고 외무성은 배제되어 있다고 합니다. '일하는 방식 개혁' 법안과 외국인 노동자 수용 확대에 관한 입국관리법 개정 문제도 그런 맥락과 연관됩니다. 야당의 반대를 무릅쓰고 법제화한 것도 재계의 요망이 있었기 때문 아닐까요?

원래는 야당이 추진했어야 할 법안을 자민당이 추진했죠.

외국인 체류와 비자 요건을 계속 완화해왔지만 비자 심사는 강화해야 합니다. 미국은 중국인 유학생 비자를 1년으로 제한했습니다. 10년 멀티비자도 철폐하고 중국에 매우 엄격하게 비자를 제한하기 시작해서 엄청 많은 중국인들이 본국으로 돌아갔습니다.

TAMURA _____ 미국은 중국에 대해서 전부 재검토하겠다는 방침입니다. 반면 일본은 그런 게 없어서 신경 쓰입니다. 2018년 개정 결정된 입국관리법도 특히 중국과의 기존 관계의 흐름을 따른 것이라고 볼 수 있습니다.

중국 경제 붕괴는
피할 수 없는 현실인가?

TAMURA ——— 지금 세계 각국에서는 중국 경제가 붕괴될 것을 가장 두려워하고 있습니다. 일본도 마찬가지입니다. 앞에서 소개한 재무성 고위 관료에게 중국 경제에 관해서 또 한 가지 질문을 했습니다. "중국 경제가 위험하다고 하는데 중국 위안화는 달러와 연결된 통화 시스템이므로 결국은 불량 채권만 늘고 구조 개혁도 진행되지 않는다. 그러니 자유화를 요구해야 하는 거 아닌가?"라고 말이죠. 그런데 그 관료는 "우리는 거기까지 요구할 마음이 없다"라고 했습니다.

MIYAZAKI ——— '요구할 마음이 없다'는 것은 무슨 뜻입니까?

TAMURA _____ 그 점을 언급하면 중국 경제가 얼마나 문제인가에만 주목하게 만들어서 점점 신용 불안을 조성하게 될 겁니다. 유로존 중에서도 도이치뱅크 등은 주가가 점점 떨어지고 있습니다. 중국의 하이항그룹이 대주주인데, 독일은 지금 유럽에서 중국 기업이 가장 많이 투자하는 시장이므로 이렇게 되면 중국 은행의 자산 상황도 악화될 것입니다.

MIYAZAKI _____ 독일은 현재 정부 자체가 적자인데, 그걸 다 도이치뱅크에 억지로 떠맡긴 탓에 독일 재정이 건전하게 보이는 것입니다. 폭스바겐의 적자를 다 도이치뱅크에 할당했죠. 그 말은 도이치뱅크가 위험해지면 정부가 당연히 구제한다는 뜻입니다. 도이치뱅크는 경영 위기 단계를 넘어서 구제냐, 합병이냐 하는 이야기가 조용히 나오고 있습니다. 2018년에만 해도 주가가 절반으로 떨어졌습니다.

2018년 12월 5일에는 상습적인 부정 거래, 영국령인 버진 제도에 적을 둔 페이퍼 컴퍼니에서의 송금 업무가 눈에 띄자 조사원 170명을 동원해 독일 내 영업 거점 여섯 곳을 가택 수색했습니다. 대주주였던 중국의 하이항그룹도 주식을 팔아치워 버린 듯해요. 폭스바겐을 지원하는 곳은 중국 공상은행인데, 이렇게 되면 자칫 폭스바겐이 중국의 자동차 기업으로 넘어갈 수도 있어요. 도이치뱅크도 코메르츠뱅크와 통합된다는 관측이 예전부터 나오고 있습니다.

TAMURA _____ 도이치뱅크는 독일이 책임지고 구제할 수 있습니다. 그러나 중국이 붕괴되면 그 여파는 전 세계 금융을 불안하게 만들지 모릅니다. 그런데도 미국이나 영국의 등급 평가 기관들은 지금 전부 입을 다물고 있어요.
재무성 간부에게 "미·중 무역 전쟁의 영향으로 중국 붕괴는 이제 피할 수 없겠군요?"라고 했더니 "사실 우리도 그걸 가장 두려워하고 있습니다"라고 말하더군요. 사실은 알고 있는 겁니다. "그럼 어떻게 할 겁니까? 중국을 도울 생각입니까? 중·일 통화 스와프라는 것은 결국 구제로 이어지는 것 아닙니까?"라고 떠봤더니 "연착륙시켜야 하니까요"라고 말하더군요.
일본의 재무성에서 그 사실을 알고 있다는 것은 미국과도 당연히 의견 교환을 했다는 얘기입니다. 그러니 '연착륙시켜야 한다'는 것은 미국과 일본의 공통적인 인식임이 분명합니다.

MIYAZAKI _____ 이른바 '통화마피아'라 불리는 사람들이 그렇게 인식하고 있는 것이군요.

TAMURA _____ 그들은 월스트리트나 국제금융자본의 이해를 대표합니다. 트럼프가 중국을 어디까지 몰아붙이는지와는 전혀 다른 이야기예요. 일본 재무성은 확실히 연착륙시켜야 한다는 쪽이라서 붕괴시키기 전까지는 파탄내면 안 된다는 생각이 머릿속에 각인되어 있습니다.

MIYAZAKI _____ 결국 경제 이론으로 움직인다는 뜻이군요.

리먼 브라더스 사태 이상의
세계 금융 위기가 오고 있다

TAMURA ─── 중국은 이미 자멸하고 있어요. 팽창제로 지나치게
부풀린 버블이 터지고 있는 거죠.

만약 중국에 외국 자본이 들어오지 않고, 무역 흑자도 없고, 기
술적으로도 더 이상 진전이 없고, 부동산 투자를 한 사람들이
파산하고, 은행의 불량 채권 문제가 발생하게 되면 중국 버블은
전면 붕괴됩니다.

그런 상황이 오면 과연 중국만의 문제로 끝날까요? 미국 경제
는 현재 전례 없던 호황이라고 하지만 조금 이상해졌습니다. 금
리가 올랐기 때문에 세계에서 달러가 돌아오는 상황으로, 주식
시장이 매우 불안정해졌어요.

재무성 고위 관료는 중국의 금융시장 붕괴가 가장 무섭다고 했었죠. 앞에서 상하이 주식이 하락해도 일부 예외적인 경우를 제외하고는 세계적으로 그 영향이 크지 않다고 했는데, 여기서 예외적인 경우란 리먼 브라더스 사태 전야제와 같은 국제금융시장의 불안정한 상황이 확대되었을 때를 말합니다. 상하이 시장이 붕괴되면 앞에서 설명한 이유들로 중국 버블 붕괴 규모는 헤아릴 수 없을 만큼 커질 거예요. 그 여파는 리먼 브라더스 사태 수준을 훨씬 뛰어넘을지도 모른다고 재무성 간부는 말하더군요.

MIYAZAKI ____ 채무의 크기만 봐도 리먼 브라더스 사태 수준에서 해결될 리가 없죠.

TAMURA ____ 이건 금융 경제 문제입니다. IS 균형 이론에 따른 거시 경제학의 항등식과는 다른 이야기예요. 항등식에 따르면 경제는 소비와 투자와 순수출이 있으면 돌아가죠. 미국의 제재 관세로 수출이 약간 감소하더라도 소비와 투자가 빈틈없으면 경제는 일단 성장할 수 있을 것입니다. 하지만 그 투자와 소비를 뒷받침하는 것이 금융이기 때문에 금융 구조가 잘못되면 돈의 흐름이 끊겨서 전체 경제가 무너져요.

MIYAZAKI ⎯⎯⎯ 그게 민스키 모멘트(minsky moment, 신용 시장이 무너져 경제가 축소하는 계기)입니다.

TAMURA ⎯⎯⎯ 일본도 버블 붕괴로 돈이 움직이지 않게 되었잖아요. 은행이 꼼짝도 못하고 불량 채권 상환 처분에 쫓기는데, 자금을 무리하게 회수해서 신용 수축이 일어나니까 돈이 점점 수축되어서 경제 전체의 활동성이 떨어졌어요. 중국의 경우에는 그런 것을 당이 주도해서 전매하고 속여서 적당히 덮어왔어요. 그리고 세계의 회계사무소들도 중국의 불량 채권에 대해 묵인하며 아무 말도 하지 않게 되었죠.

MIYAZAKI ⎯⎯⎯ 무서워서 말할 수 없었겠죠.

TAMURA ⎯⎯⎯ 어쨌든 그 전에 중국 측에서 신용평가 기관 무디스가 매긴 중국의 등급 평가에 대해 트집을 잡았어요. 그러자 등급 평가 회사들이 모두 기가 죽어서 중국 채권의 이용도에 대해 아무도 말하지 않게 되었어요. 중국 정부에게서 위협을 당한 것도 있지만, 그런 이유로 중국에 정말로 돈이 들어가지 않게 되면 어떨까요?

월스트리트와 통화마피아는 중국 경제가 연착륙하기를 바라고, 미국으로서도 붕괴 시나리오를 그 정도까지 생각하지는 않는 모양입니다.

<u>MIYAZAKI</u>　세계적인 금융 위기로 이어질 만큼 파산할 거라고
는 생각하지 않는 거군요.

중국 경제와 운명을 함께하게 된
세계 경제

TAMURA_____ 이건 숙명일지도 몰라요. 세계 경제 구조라는 면에서 말하자면 누구도 중국 경제를 붕괴시킬 수 없습니다. 중국이 붕괴되면 세계 경제가 크게 흔들릴 수 있기 때문이에요. 또 세계 경제에는 늘 프런티어가 필요하기 때문이기도 해요. 전 세계에서 지금 중국처럼 발전할 여지가 있는 나라는 또 없어요.

클린턴 정권 때는 루빈 재무 장관이 달러고(高) 정책을 세워 세계에서 돈을 모았지만 투자처였던 아시아나 러시아는 통화 위기에 빠졌습니다. 멕시코에서도 테소보노라고 하는 재무부증권을 발행했다가 위기에 빠졌죠.

MIYAZAKI _____ 러시아의 국채는 한때 이자가 24퍼센트까지 치솟았었죠.

TAMURA _____ 미국의 달러 기축 통화 체제의 금융 모델은 '세계에서 돈을 모아 재배분이 끝나면 돈을 번다'는 것이라서 세계에서 모은 돈을 고이율로 움직여야 합니다. 헤지펀드에 이르러서는 몇 백 퍼센트라는 고이율을 벌어요.

MIYAZAKI _____ 그런 달러 중심의 세계 경제 구도에 중국을 포함시키고 그걸 '글로벌리즘'이라는 이름으로 불렀습니다. 말하자면 글로벌리즘은 중국을 이용해 돈을 움직이고자 했던 구조였던 거예요.

TAMURA _____ 하지만 미국 산업은 보기 좋게 공동화(空洞化)해서 예전의 공업지대는 쇠퇴하여 러스트벨트(Rust Belt, 미국 중서부와 북동부의 쇠락한 산업지대)가 되었습니다. 중서부의 백인들은 점점 몰락해서 빈곤해졌어요. 이런 미국의 현실 속에서 트럼프가 나타났죠. 트럼프는 선거 공약으로 그들을 돌보겠다고 했어요. 중국을 치는 것은 그 연장선상에 있습니다. 그의 이런 정책은 갈채를 받기도 했지만, 한편으로 월스트리트나 통화마피아 세계에서는 중국이 붕괴되는 것도 곤란하다는 사정이 있어요.

MIYAZAKI _____ 그래서 중국을 대체할 만한 곳으로 인도에 대해 기대했는데, 인도는 아직 조금 거리가 있죠. 그럼 아프리카는 어떨까요? 아프리카는 아직 100년은 일러요.

TAMURA _____ 중남미는 붕괴된 상황이죠. 그런 의미에서 중국은 어중간한 상태가 가장 좋을지도 모릅니다.

MIYAZAKI _____ 그건 그렇습니다. 미국만이 아니라 동남아시아, 유럽, 나아가 아프리카의 여러 국가들도 중국이 갑자기 붕괴되면 엄청난 피해를 입을 테니까요.

중국 경제는
어느 정도 속도로 붕괴할 것인가?

TAMURA ___ 중국 경제를 성장시켜온 세계 경제의 구조 자체가 성립하지 않게 되어 중국의 성장은 이미 정점을 지났습니다.

MIYAZAKI ___ 후진타오가 정권을 잡고 있던 시절에는 중국의 GDP 성장률이 8퍼센트 아래로 떨어지면 중국 경제를 유지할 수 없었어요. 그래서 어떻게든 8퍼센트를 유지하기 위한 정책을 제시했습니다. 그 당시 GDP 성장률이 1퍼센트 떨어지면 500만 명이 실업자가 된다는 분석이 나왔었는데, 사실 그보다 훨씬 더 많은 사람이 실업자가 됐어요. 최근 중국의 GDP 성장률은 6.5퍼센트가 최대라고 공표했는데, 베이징의 국제통화연구소의 내부 자료에 의하면 1.6퍼센트밖에 안 된다고 합니다. 다른 기밀 보고서에서는 중국의 GDP 성장률이 마이너스라고 분석했습니다.

TAMURA _____ 중국이 '바오바'라는 정책을 써서 GDP 성장률 8퍼센트를 사수하겠다고 한 것은 당 관료가 관영사업에 따른 수입 8퍼센트를 자신들의 이권으로 삼아온 관행이 그 배경에 있었습니다.

'팔(八)'이라는 한자는 점점 퍼져나가는 모양이라서 중국인들이 매우 좋아하는 글자예요. 그래서 당 관계자들이 사리사욕을 채울 때도 8퍼센트가 최저 수준이었어요. 중국 문화 중 독특한 것은 8퍼센트의 수수료를 떼어야 일이 돌아간다는 것입니다. 중개료나 수수료도 대부분 8퍼센트예요. 어쩌면 지금도 당 관료들은 수수료 8퍼센트를 떼고 있을 겁니다. 하지만 시진핑이 정권을 잡은 후에는 경제 면에서 신창타이(新常態), 즉 뉴 노멀 시대가 도래해 8퍼센트의 성장률도 유지하지 못하고 오히려 후퇴하고 있어요. 이제는 몰락이 얼마나 빠른 속도로 진행되느냐가 관건이죠.

MIYAZAKI _____ 예전에 투자가 짐 로저스가 말했습니다. "중국 붐은 온다. 하지만 오는 동시에 끝날 수 있다"라고요. 짐 로저스는 싱가포르에 살며 딸에게 중국인 가정교사를 붙여서 중국어를 배우게 했지만 말이죠.

자, 결론이 나왔죠? 중국발 세계 금융공황이 다가오고 있습니다. 아니, 어쩌면 이미 시작되었다고도 볼 수 있습니다. 중국과 뗄 수 없는 관계에 있다면 현재까지의 상황과 앞으로 전개될 상황들을 종합해 현명하게 미래에 대비해야 할 것입니다!

디지털 제국주의 시대의 5G 패권 전쟁에서 어떻게 살아남을 것인가?

중국의 디지털 제국주의를
미국은 허락하지 않는다

미·중 무역 전쟁은 트럼프 미국 대통령과 시진핑 중국 공산당 총서기의 협상 등 양국 간 대결에 이목이 집중되지만, 수많은 나라들을 직접 끌어들인다는 점에서는 세계 전쟁이라고도 할 만하다.

　20세기에 발발한 1, 2차 세계대전, 그리고 미·소 냉전도 세계 패권을 둘러싼 싸움이었고, 서로 다른 이념, 주의, 체제가 그 바탕에 있었다. 미·중 무역 전쟁도 그와 같은 구도로 보기 쉬워서 '미·중 냉전'이라는 또 다른 이름을 붙일 수도 있다. 하지만 주요 싸움터는 기존에는 존재하지 않던 디지털 세계라는, 지금까지와는 다른 차원의 거대한 공간이다. 양상은 대담에서 말했듯이 디지털 제국주의 시대에 벌어지는 대전이다.

그렇게 되면 '무역 전쟁'이라는 이름은 어울리지 않는 듯 보이는데, 사실 무역 면에서 중국이 우위에 선 것이 중국의 디지털 제국에 대한 야망을 뒷받침한다. 이에 트럼프 정권은 대중 무역 제재로써 이를 무너뜨리려고 한다. 중국이 대미 무역 흑자로 얻을 수 있는 달러를 이용해 큰 성공을 거둬온 것을 간파한 트럼프 정권은 대중 무역 적자를 줄이기 위해 중국산 수입품에 높은 관세를 부과한다. 높은 관세는 중국이 하이테크 산업에서 기술을 도용하고, 지적재산권을 침해한 데 대한 대항책이기도 하다.

시진핑은 위안화의 달러에 대한 높은 의존도라는 약점을 만회하기 위해 중화경제권을 만들기 위한 일대일로 개발 사업을 억지로라도 추진하려 하지만 트럼프 정권은 이를 중단할 것을 요구했다.

문제가 이 정도라면 미·중 간의 싸움에서 끝날 수도 있다. 그런데 지금은 IT와 AI, 5G로 대표되는 초고속 대용량 정보통신 기술이 혁신을 거듭하는 시대다. 국가 권력이 방대하고 한없이 다양한 개인의 모든 정보를 수집해 분석하고 감시, 속박하는 것이 기술적으로 가능해졌다.

무엇보다 공산당 일당 독재 체제인 중국은 완벽한 정보를 매우 효율적으로 국가에 집중시킬 수 있게 되었다. 정치, 사회뿐만 아니라 돈, 물자, 정보를 공산당의 통제 아래 둘 수 있는 중국은 머니 파워를 이용해 영토 확장을 계획하는 한편, 디지털 정보 공간을 제패해 세계적 규모의 인간 감시 시스템을 구축하려 하고 있다. 시진핑 주석은 그 이점을 이용해 디지털 기술로 자국의 전체주의 시스템을 글로벌화해가고 있다. 인프라 건설이라는 달콤한 미끼를 마구 뿌리는 일대일로 개발 사업은 그 수단이 되기도 한다.

2017년 6월 시행된 중국 국가정보법은 '어떤 조직 및 개인도 국가의 정보활동에 협력할 의무가 있다'라고 규정하고 있다. 이대로라면 시진핑은 당, 정부, 군, 기업, 국민을 총동원해서 세계를 중국화할지도 모른다.

한편, 트럼프의 미국은 절대적인 패권국이며, 세계에 미국 표준을 강요한다는 의미에서 제국주의적이다. 국가안보국(NSA: National Security Agency)으로 상징되는 미국의 디지털 정보 수집 능력은 여전히 중국을 웃돌겠지만 자유롭게 열린 민주주의의 틀이 권력 남용에 제동을 걸고 있다. 대통령의 고유 권한에 속하는 정치, 경제, 군사, 외교는 물론 민간의 이익과 관련된 안건도 의회와 법원, 언론기관의 확인을 거쳐야 한다. 국가안보국의 권력 또한 당연히 행사에 크게 제약을 받는다. 잘못하면 미디어에서 떠들고 의원들로부터 추궁을 당한다.

그렇다면 자유주의국가가 미·중 무역 전쟁을 통해 명심해야 할 것은 무엇일까?

중국은 미국으로부터 하이테크 산업에 대한 제재를 당하게 되자 그 대체원을 찾고 있다. 또 미국은 중국의 산업용 로봇에 높은 관세를 부과해 값이 비싸졌다. 그런데 혹시 이를 대중 혹은 대미 수출을 늘릴 기회로 보고 김칫국부터 마시고 있는가? 중국의 엄청난 IT 기기 수요에 눈이 멀어 작은 이익이라도 얻어보려고 기회를 노리고 있지는 않은가? 그런데 그게 무슨 의미가 있을까?

중국의 하이테크 산업은 사실 중국을 넘어 세계의 안보는 물론 개인의 자유까지 위협할 수 있다. 중국 내의 정보 수집 및 감시 체제 강화에서 그치지 않고 세계로 그 네트워크를 넓히려고 하는 중국은 위협 그 자체다.

트럼프의 발언과 미국의 진의가
꼭 같지 않을 수도 있다

이미 알려진 얘기지만, 트럼프 개인이 SNS를 통해 불규칙적으로 쏟아내는 발언은 주위를 불안하게 만든다. 그런가 하면 미·중 무역 전쟁의 결말에 대한 여러 전망은 주식시장을 일희일비하게 한다. 트럼프 스스로가 주가를 계속 신경 쓰고 있다.《월스트리트 저널》에 따르면 "트럼프는 지지율과 함께 다우존스 공업주 30종 평균 동향에 중점을 두고 있다"고 한다. 그 기사에서는 주가가 급락하면 "백악관 내외의 고문들을 불러 주가 급락의 원인이 미·중 정상회담 탓이 아니라는 것을 확인하려 기를 쓴다"고도 했다.

미국 경기의 흐름은 주가와 함께 움직인다. 통계학에서 말하는 '상관계수'의 최댓값은 1로, 그것은 '완전 상관', 즉 두 개의 다른 계수가 서로 같은 값이라는 의미다. 1985년 12월부터 2018년

9월까지 32년 9개월의 기간 동안 미국 주가와 GDP의 상관계수는 0.95로 매우 높았다. 트럼프 정권이 발족한 2017년 1월 이후의 상관계수는 0.99로 거의 완전 상관이다. 곧 다가올 대통령 선거에서 재선을 노리는 트럼프는 경기를 유지하고 싶고, 그러기 위해서는 주가 또한 강세를 유지해야 한다. 이는 트럼프의 강렬한 정치적 동기임에 분명하다. 따라서 미·중 무역 전쟁에 대한 예측은 트럼프의 말과 행동만 보고 하면 실패할 수도 있다.

미국의 경우는 대통령의 개성을 살리면서도 패권을 다지는 시스템이 어느 시대에나 있었다. 2018년 가을, 펜스 부통령이 허드슨 연구소 강의에서 설파한 중국의 디지털 패권 저지에 대한 의지는 미국 내에서는 이미 당파를 초월해 합의된 내용이다. 해외에서 중국의 정보 및 기술 도용에 앞장서온 화웨이를 미국은 자국 시장에서 배제하기로 결정했다. 이에 친중 노선을 고수해오던 영국과 호주는 물론, 이 회사가 제멋대로 하도록 내버려뒀던 일본도 뒤늦게나마 동조하려 하고 있다.

그동안 중국에 기술을 제공해온 대만도 반도체 기술 제공을 중단할 수밖에 없게 되었다. 중국과 산업 협력 관계에 있는 독일과 한국은 어떻게 할까? 독일은 지적재산권 확보 등 자국 기업에게 유리한 부분만 배제하려고 할 것이다. 한국은 트럼프만큼 시진핑을 신경 쓴다. 외교, 국방 등의 여러 문제가 양국의 무역에 끼치는 영향이 매우 크고, 최근에는 사드 문제로 관계가 악화됐는데도 말이다.

그러나 세계는 정치, 경제, 외교, 안보 분야에서는 물론 비즈니스 분야에서도 '반중국' 분위기로 기울었다. 이에 그 결과로 생기는 새로운 국제 질서 구축에 적극적으로 나서 망설임 없이 주도권을 잡는 것이 최우선이다.

옮긴이 박재영

서경대학교 일어학과를 졸업했다. 출판, 번역 분야에 종사한 외할아버지 덕분에 어릴 때부터 자연스럽게 책을 접하며 동양권 언어에 관심을 가졌다. 번역을 통해 새로운 지식을 알아가는 데 재미를 느껴 번역가의 길로 들어서게 되었다. 분야를 가리지 않는 강한 호기심으로 다양한 장르의 책을 번역, 소개하고자 힘쓰고 있다. 현재 번역 에이전시 엔터스코리아의 출판 기획 및 일본어 전문 번역가로 활동하고 있다.

옮긴 책으로는 《경제학에서 건져 올리는 부의 기회》《성공한 사람들은 왜 격무에도 스트레스가 없을까》《YES를 이끌어내는 심리술》《도해 바보라도 연봉 1억을 받을 수 있다》《순식간에 호감도를 높이는 대화 기술》《인생은 잇셀프》《인생은 지금부터 시작》《부자의 사고 빈자의 사고》《덴마크 사람은 왜 첫 월급으로 의자를 살까》 등이 있다.

중국발 세계 경제 위기가 시작됐다

초판 1쇄 발행 2020년 2월 7일
초판 3쇄 발행 2020년 4월 13일

지은이 미야자키 마사히로, 다무라 히데오
펴낸이 정덕식, 김재현
펴낸곳 (주)센시오

출판등록 2009년 10월 14일 제300-2009-126호
주소 서울특별시 마포구 성암로 189, 1711호
전화 02-734-0981
팩스 02-333-0081
메일 sensio0981@gmail.com

책임편집 고정란
편집 이미순
경영지원 김미라
홍보마케팅 이종문, 한동우
디자인 Design IF

ISBN 979-11-90356-25-1 03320

이 도서의 국립중앙도서관 출판예정도서목록(CIP)은 서지정보유통지원시스템 홈페이지(http://seoji.nl.go.kr)와 국가자료공동목록시스템(http://www.nl.go.kr/kolisnet)에서 이용하실 수 있습니다. (CIP제어번호 : CIP2020001411)

잘못된 책은 구입하신 곳에서 바꾸어드립니다.